# Ensuite

## Cahier de laboratoire et d'exercices écrits

Deuxième édition

# Ensuite

## Cahier de laboratoire et d'exercices écrits

# Chantal P. Thompson

Brigham Young University

# Robert E. Vicars

Millikin University

# Bette G. Hirsch

Cabrillo College

**McGraw-Hill**

New York   St. Louis   San Francisco   Auckland   Bogotá   Caracas
Lisbon   London   Madrid   Mexico City   Milan   Montreal   New Delhi
San Juan   Singapore   Sydney   Tokyo   Toronto

2 3 4 5 6 7 8 9 0 MAL MAL 9 0 9 8 7 6 5 4 3

ISBN 0-07-029097-0

This book was typed in Palatino on a Macintosh by Linda J. McPhee.
The editors were Eileen LeVan and Leslie Berriman;
the production supervisor was Pattie Myers.
Drawings were done by Wendy Wheeler.
Project supervision was done by Caroline Jumper.
Malloy Lithographing, Inc., was printer and binder.


Grateful acknowledgment is made for use of the following:

**Page 9** © C & A; **130** L'Express/NYTSS; **134** *L'Officiel des spectacles*; **170** © INSEE,
1982; **172, 173** *Femme Actuelle*; **180** *20 Ans*; **190** SUD Imprimerie; **192** From
Michelin Red Guide France, 1992 edition, Pneu Michelin, Services de Tourisme;
**195** *La Cathédrale* by Auguste Rodin, Musée Rodin, Paris. Photographed by Bruno
Jarret.

# Table des matières

# To the Instructor

The purpose of the *Cahier de laboratoire et d'exercices écrits* is to give students more opportunities to use French outside the classroom. All four skills—listening, speaking, writing, and reading—are practiced in the *Cahier*. In the second edition, the vast majority of the exercises (roughly 80%) are self-correcting. Students hear answers to oral exercises on the tape; answers to most written exercises are found at the back of the *Cahier*. We have not provided students with the scripts for the dictations, however. Should you wish to give these to students, you may copy them from the *Tapescript*, which is sent to each school with the audiocassette program.

## ORGANIZATION OF THE *CAHIER*

### Exercices oraux

*Exercices oraux*, the first part of the *Cahier*, should be used with the accompanying audiocassette program.

- *A l'écoute de la vie* focuses on listening comprehension. Students hear an unscripted authentic interview with a French speaker. Pre-listening and listening activities help them understand the conversation. Suggestions on how to prepare students to use this section appear in the marginal notes of the *Instructor's Edition of Ensuite* and in the *Instructor's Manual with Testing Program*.
- *Phonétique* offers pronunciation practice of a topic relevant to the grammar and vocabulary of the chapter.
- *Paroles* and *Structures* contain contextualized activities using chapter vocabulary and grammar, progressing from focused to more creative practice.
- The *Dictée* concludes the laboratory portion of the manual, sometimes followed by a brief comprehension activity.

### Exercices écrits

*Exercices écrits* offers written exercises, providing additional focused work with the vocabulary and grammar of the student text. It contains two parts:

- *Paroles*, which practices vocabulary from the chapter
- *Structures*, a section that reviews the structures through contextualized exercises.

At the end of each unit (after every third chapter), the second edition of the *Cahier* offers a supplementary reading section, *Pour le plaisir de lire*. This section contains a transcribed, shortened interview with native French speakers from various backgrounds and walks of life, with follow-up questions. As the section title suggests, it is hoped that students will enjoy the readings. After their work on the unit, they should find the interviews easy and pleasurable to read.

Like the main text, the *Cahier* concludes with an atypical unit, *Thème VII*. This section has been designed to review many of the major functions covered during the year, and to act as a self-correcting review section for the final examination.

# THEME I

# CHAPITRE 1

## EXERCICES ORAUX

## A l'écoute de la vie

*Note:   Each chapter of the lab program begins with an activity called* Avant d'écouter. *Do the activity before you listen to the tape, to help you remember related vocabulary and anticipate what you will hear.*

### AVANT D'ECOUTER

Peut-on reconnaître un(e) étudiant(e) à ses vêtements? Pensez aux étudiants «typiques» que vous connaissez. Comment s'habillent-ils pour venir en cours?

| VETEMENTS | COULEUR? MARQUE? | CHAUSSURES |
|-----------|------------------|------------|
| _____ | _____ | _____ |
| _____ | _____ | _____ |
| _____ | _____ | _____ |

Est-ce que cette description change selon le domaine de spécialisation des étudiants? Si oui, définissez ces domaines de spécialisation (voir liste ci-dessous) et décrivez les vêtements qui caractérisent ces étudiants.

| ETUDIANTS EN | VETEMENTS PARTICULIERS |
|--------------|------------------------|
| *maths* | _____ |
| _____ | _____ |
| _____ | _____ |

### A L'ECOUTE

> **Rassurez-vous!** You are about to listen to an authentic conversation originally recorded in France. You will probably not understand everything you hear, but don't worry. To do the activities in this section, you need to listen only for specified information. Each time, before you listen to the recorded conversation, read the instructions for the task at hand. Focus on what you're asked to listen for, and ignore what you don't need to know. As you learn various strategies for listening, authentic speech will become increasingly easier for you to understand.

**A.**  Ecoutez le segment sonore une première fois et cochez (*check*) les domaines de spécialisation mentionnés.

| | | | |
|---|---|---|---|
| _____ gestion (*business management*) | | _____ danse / théâtre | |
| _____ médecine | | _____ économie | |
| _____ droit (*law*) | | _____ sciences politiques | |
| _____ littérature comparée | | _____ physique / chimie | |
| _____ psychologie / sociologie | | | |

**B.** Ecoutez une deuxième fois en encerclant les vêtements, couleurs, marques et chaussures que vous aviez anticipés dans l'activité *Avant d'écouter* et qui sont réellement mentionnés.

**C.** Ecoutez une troisième fois et indiquez les mots qui sont associés dans le segment sonore. **Mocassins** vous est donné comme exemple.

1. __b__ mocassins

2. _____ en cuir (*leather*)

3. _____ hippies

4. _____ trucs (= choses)

5. _____ boutons

6. _____ Benetton (la marque)

7. _____ blazer

a. veste
b. chaussures de ville
c. attaché-case
d. en bois (*wood*)
e. violets
f. pulls
g. anciens

**D.** Ecoutez encore et faites une liste de ce que portent les différentes catégories d'étudiants.

Catégorie 1: _____

_____

Catégorie 2: _____

_____

Catégorie 3: _____

_____

Les étudiants ordinaires: _____

_____

Quelle sorte de chaussures est-ce que les étudiants français ne portent généralement pas pour venir en cours? _____

# A vous la parole

## PHONETIQUE

### Final Consonants

*Note: The following phonetic explanation is not on the tape. Read through the information, then turn the tape back on to do the following exercises.*

In French, a final consonant is usually not pronounced unless it is followed by an *e*. As you know, this rule often applies to the masculine and feminine forms of adjectives, such as **français, française.**

Like most consonants, the final *s* indicating the plural is not pronounced. Compare: **petit, petits; grande, grandes**. To learn if a descriptive adjective or a noun is singular or plural, you often have to listen for other clues, such as articles, certain possessive adjectives, or the general context. Compare: **les amis, l'ami**.

Four consonants do not follow the silent final consonant rule. They are final *c, r, f,* and *l* (think of *careful*). *C, r, f,* and *l* are usually pronounced whether or not they are followed by an *e*. Compare: **noir(s), noire(s); original, originale**.

Now turn on the tape. As you practice final consonants, be sure that you pronounce them completely or not at all.

**A. Les consonnes finales: prononcées ou non?** Lisez les expressions suivantes à haute voix en prononçant les consonnes finales, s'il le faut. Ensuite, écoutez la cassette et répétez la prononciation.

1. les cheveux blonds
2. les yeux verts
3. une sœur timide

4. tes chaussettes roses
5. mon pull à manches longues
6. leurs sacs en cuir

**B. Masculin, féminin.** Vous allez décrire deux camarades de classe imaginaires. Ils sont complètement différents l'un de l'autre. Complétez les phrases suivantes en utilisant le genre masculin ou féminin selon le cas. Attention de bien prononcer la consonne finale, s'il le faut.

MODELE: *Vous entendez:* Il est grand, et elle?
*Vous répondez:* Il est grand, mais elle n'est pas grande.

1. ...   2. ...   3. ...   4. ...   5. ...

## PAROLES

**A. Des descriptions indirectes.** Vous allez entendre des phrases négatives qui décrivent certaines personnes. Après, formulez une phrase affirmative pour exprimer la même idée. Ensuite, répétez la réponse modèle. Adjectifs utiles: *réaliste, optimiste, beau, raide, court, mince.*

MODELE: *Vous entendez:* Catherine n'est pas petite.
*Vous répondez:* Alors, elle est grande.

1. ...   2. ...   3. ...   4. ...   5. ...   6. ...

**B. Pour qui?** Vous allez entendre le nom de certains vêtements. Dites à qui ce vêtement est destiné: c'est un vêtement pour hommes, pour femmes ou unisexe.

MODELE: *Vous entendez:* un chemisier
*Vous répondez:* C'est un vêtement pour femmes.

1. ...   2. ...   3. ...   4. ...   5. ...   6. ...   7. ...

**C. Vive la différence!** Regardez les trois dessins ci-dessous, puis répondez aux questions qui seront répétées deux fois.

Monsieur Richard

Nicole

Madame Richard

1. ...   2. ...   3. ...   4. ...

**D. Maintenant à vous!** Décrivez-vous en répondant aux questions. Ecrivez vos réponses.

> MODELE: *Vous entendez:* Décrivez vos yeux.
> *Vous écrivez:* J'ai les yeux bleus.

1. _____

_____

2. _____

_____

3. _____

_____

4. _____

_____

## STRUCTURES

**A. Martin et Martine.** Ces deux jeunes se ressemblent en tout point. Répondez selon le modèle.

> MODELES: a. *Vous entendez:* Martin est intelligent.
> *Vous répondez:* Martine aussi, elle est intelligente.
>
> b. *Vous entendez:* Martine est conservatrice.
> *Vous répondez:* Martin aussi, il est conservateur.

1. ...   2. ...   3. ...   4. ...   5. ...   6. ...

**B. Les copains de Jean-Jacques.** Jean-Jacques est lycéen à Strasbourg. Il va décrire certains de ses copains. Vous allez lui servir d'écho en suivant le modèle. Attention à la place de l'adjectif dans votre réponse.

> MODELES: a. *Vous entendez:* Jacqueline est jolie.
> *Vous répondez:* Oui, c'est une jolie jeune femme.
>
> b. *Vous entendez:* Pierre est énergique.
> *Vous répondez:* Oui, c'est un jeune homme énergique.

1. ...   2. ...   3. ...   4. ...   5. ...   6. ...

**C. A qui sont ces vêtements?** Votre camarade de chambre et vous, vous êtes à la laverie de la résidence universitaire. Il y a beaucoup de vêtements sur la table. Posez des questions à votre camarade selon le modèle.

MODELE: *Vous entendez:* rouge / Christine
              *Vous répondez:* Est-ce que c'est le chemisier rouge de Christine?

 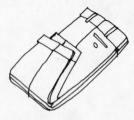 

1. vert / Marie-Paule      2. en coton / Marc      3. beau / Michel et Paul

4. blanc / Dominique           5. vieux / Virginie

**D. A qui sont ces vêtements (suite)?** Répondez affirmativement en utilisant un adjectif possessif.

MODELE: *Vous entendez:* Est-ce que c'est le short de Monique?
              *Vous répondez:* Oui, c'est son short.

1. ...    2. ...    3. ...    4. ...    5. ...    6. ...

# Dictée

Vous entendrez la dictée deux fois. La première fois, écoutez. La deuxième fois, écrivez les mots qui manquent pour compléter le texte ci-dessous. Ensuite, réécoutez le premier enregistrement pour corriger. A la fin, devinez (*guess*) le nom de la princesse en question.

—Miroir, mon doux miroir, dis-moi qui est la plus _____ de tout le royaume?

    —C'est une princesse avec _____,

_____ et la peau _____

_____.

    La reine, alors, se déguisa en _____, avec une grande robe

noire, _____, _____,

qui cachaient (*hid*) _____ et son corps maigre. _____

de jalousie, elle alla chercher sa _____ rivale.

Nom de la princesse? (en anglais ou en français) _____

# EXERCICES ECRITS

## PAROLES

**A. Les deux frères.** Paul et Michel sont frères, mais ils ne se ressemblent pas du tout. Regardez les dessins et complétez les phrases. Utilisez autant du vocabulaire du chapitre que possible.

1. Michel est grand, mais _____

2. Paul est gros, mais _____

3. Michel a les cheveux _____, mais _____
   _____

4. Michel est mince et musclé, mais Paul _____
   _____

5. Michel et Paul ont tous les deux des troubles de la vue. Michel porte des lentilles alors que Paul
   _____

**B. Cousine, cousine.** Micheline et Paulette sont cousines, mais elles ne se ressemblent pas du tout. A vous de compléter ces deux «inventaires de personnalité».

| MICHELINE | PAULETTE |
|---|---|
| 1. aimable et sympathique | _____ |
| 2. _____ | réservée et timide |
| 3. _____ | têtue |
| 4. intéressante | _____ |
| 5. _____ | paresseuse |
| 6. ?_____ | ?_____ |

**C. A chacun son look.** Voici des mini-descriptions de quatre jeunes Français. Complétez-les avec le(s) mot(s) ou l'expression convenable de la liste ci-dessous. Utilisez chaque mot ou expression une seule fois.

| de chaussettes | de grosses chaussettes blanches | imprimée |
|---|---|---|
| son manteau et des gants | son imperméable | un chemisier blanc |
| un pull ou un blouson | un tailleur | un parapluie (*an umbrella*) |
| une cravate | un jogging et un polo | |

Il ne fait plus froid et Edouard n'est plus obligé de mettre _____ ¹

tous les jours. Aujourd'hui, par exemple, il porte un jean et une chemise _____

_____.² En plus, il porte des baskets mais pas _____.³

     Par contre, Sylvie, qui travaille comme adjointe au directeur d'une agence de voyages, doit

s'habiller très correctement en semaine. En ce moment, elle porte _____

_____⁴ en laine et _____.⁵ Il pleut beaucoup en cette

saison, et donc elle porte aussi _____,⁶ et elle prend

_____⁷ avec elle.

     Ce soir, Pierre va au théâtre et il a décidé de mettre un costume, une chemise blanche et

_____⁸ en soie. Il doit faire froid ce soir. Par précaution donc,

Pierre va mettre aussi _____⁹

     Nicole vient de rentrer de la salle de gymnastique où elle a fait de l'aérobic. C'est pour cela qu'elle

porte _____.¹⁰ Elle porte également des chaussures spéciales

pour le sport avec _____.¹¹

**D. Vêtements et personnalité.** A votre avis, y a-t-il un rapport? Proposez un vêtement «logique» pour chaque personne. Imaginez aussi la couleur du vêtement.

    1.   une jeune fille sportive _____

    2.   un étudiant timide et sérieux _____

    3.   un professeur ennuyeux _____

    4.   une jeune mère dynamique _____

    5.   une bibliothécaire froide _____

    6.   un directeur de banque égoïste _____

**E. Votre garde-robe.** Répondez à ces questions personnelles au sujet de votre garde-robe. Essayez d'utiliser des adjectifs possessifs dans les réponses.

    1.   Quels vêtements (n')aimez-vous (pas) porter en classe?

        _____

        _____

    2.   Portez-vous souvent des chaussettes de couleurs différentes? Dans quelles circonstances?

        _____

        _____

    3.   Quels sont vos accessoires préférés?

        _____

        _____

## STRUCTURES

**A. La sœur jumelle.** Catherine est la sœur jumelle de Bertrand. Réécrivez le paragraphe suivant pour décrire Catherine. Attention surtout aux adjectifs qu'il faudra mettre au féminin.

Bertrand est grand et beau. Il est aussi dynamique et toujours actif. En général il n'est pas trop travailleur, mais au moment des examens il devient très studieux. Parfois il est frivole et léger, surtout quand il sort avec ses amis.

Catherine _____

_____

_____

_____

_____

**B. Bertrand et Catherine.** Réécrivez le même paragraphe, mais cette fois en utilisant un sujet pluriel: *Bertrand et Catherine*. Faites donc attention au pluriel des adjectifs (et des verbes).

Bertrand et Catherine _____

_____

_____

_____

_____

**C. Devant ou derrière?** Complétez les phrases suivantes en plaçant bien les adjectifs. Pensez aussi à les accorder.

1. Pascal a les _____ cheveux _____ (blond).

2. Annick porte une _____ jupe _____ (beau) et une _____ ceinture _____ (blanc).

3. Marianne est une _____ jeune femme _____ (joli) qui s'habille toujours à la _____ mode _____ (dernier).

4. Les trois sont des _____ mannequins _____ (jeune) qui portent des _____ vêtements _____ (chic).

5. Ce sont aussi des _____ vêtements _____ (sportif).

**D. En ville.** Regardez et décrivez les gens qui passent: la femme, le garçon, l'homme, le jeune homme, l'agent de police, la vieille dame, etc. Adjectifs possibles: *grand, petit, jeune, vieux, élégant, sympathique, timide, sportif, pauvre, beau, joli, gentil, content, blond, brun,...*

MODELE:   La jeune femme en jogging est grande, sportive et elle a les cheveux noirs.

_____

_____

_____

_____

_____

_____

_____

_____

**E. La place fait la différence!** Choisissez un adjectif convenable et mettez-le à la bonne place. Adjectifs possibles: *ancien, propre, cher, pauvre, dernier.*

MODELE:   une femme digne de pitié → une pauvre femme

1. une femme sans argent _____

2. l'histoire des premières civilisations du monde _____

3. un journaliste qui a été professeur _____

4. la semaine qu'on vient de passer _____

5. la 4$^e$ semaine du mois _____

6. des chemises qu'on vient de laver _____

7. une amie que vous aimez beaucoup _____

8. une robe Dior et un chemisier en soie _____

9. des chaussures qui m'appartiennent; elles sont à moi _____

**F. Le look d'un(e) jeune Didier.** Regardez de nouveau les trois jeunes Didier (exercice C). Choisissez le mannequin qui vous intrigue le plus. Décrivez ses vêtements et imaginez leurs couleurs. Y a-t-il un rapport entre ses vêtements et sa personnalité? (Utilisez des adjectifs possessifs pour éviter la répétition.)

_____

_____

_____

_____

_____

_____

_____

_____

_____

_____

_____

_____

CHAPITRE **2**

# EXERCICES ORAUX

## A l'écoute de la vie

### AVANT D'ECOUTER

**Etude de mots.** Devinez par le contexte le sens des mots en italique, puis cochez (*check*) la traduction convenable.

1.  Je n'habite pas à Paris même, mais juste à côté de Paris, dans *la banlieue* parisienne.
    ☐ country    ☐ suburb

2.  *Un mécanicien*, c'est quelqu'un qui répare les moteurs et les machines.
    ☐ mechanic    ☐ manual worker

3.  Mes grands-parents ne sont plus en vie, ils sont *décédés*.
    ☐ decisive    ☐ deceased

### A L'ECOUTE

> **Rassurez-vous.** Each chapter in the lab program begins with conversation. These conversations contain many familiar elements, but also some unfamiliar expressions that you are not expected to understand. Before you turn on the tape to listen each time, read the instructions for the activity, and focus on what you are asked to listen for. In other words, concentrate on what you can do, and don't be frustrated when you miss certain words or expressions.

**A.** Lisez les phrases ci-dessous, puis écoutez la séquence sonore une ou deux fois, en indiquant si ces phrases sont vraies (V) ou fausses (F).

|  |  | V | F |
|---|---|---|---|
| 1. | Quand il se présente, Yannick donne son nom, son âge et la ville d'où il vient. | ☐ | ☐ |
| 2. | Quand il parle de sa famille, il mentionne d'abord ses parents, puis ses frères. | ☐ | ☐ |
| 3. | Yannick a une belle-sœur et un neveu. | ☐ | ☐ |
| 4. | Les parents de Yannick sont divorcés. | ☐ | ☐ |
| 5. | Il habite avec sa mère. | ☐ | ☐ |
| 6. | Son père voyage beaucoup. | ☐ | ☐ |
| 7. | Yannick mentionne la profession de son père mais pas celle de sa mère. | ☐ | ☐ |

| | V | F |
|---|---|---|
| 8. Il mentionne l'âge de ses parents. | ☐ | ☐ |
| 9. Ses grands-parents paternels sont divorcés. | ☐ | ☐ |
| 10. Une de ses grand-mères est décédée. | ☐ | ☐ |

**B.** Ecoutez deux autres fois et complétez l'arbre généalogique de Yannick en donnant le prénom et le nom de famille. Si un de ces noms n'est pas connu, mettez un X. Orthographe des prénoms: *Armande, Liliane, Marie, Joseph, Luc, Thierry.*

(Père) _____          (Mère) _____

_____ Yannick Charrière _____

**C.** Ecoutez une autre fois et donnez deux renseignements (autres que le nom et la relation par rapport aux autres membres de la famille) sur chacune des personnes suivantes. (Exemples: *âge, profession, lieu approximatif de résidence, état civil*, etc.)

1. Thierry

_____

_____

2. L'autre frère de Yannick

_____

_____

3. La mère de Yannick

_____

_____

4. Le père de Yannick

_____

_____

5. Un des grands-parents (Nom de la personne choisie): _____

_____

_____

# A vous la parole

## PHONETIQUE

**Liaison**

*Note:   The following phonetic explanation is not on the tape.*

Liaison means *linking*. In this chapter, you are going to practice one case where a liaison is always made: between subject pronoun and verb. The linking letter, **s**, is pronounced /z/, as in **vous‿aimez**.

For **-er** verbs beginning with a vowel sound, liaison makes it possible to distinguish the third-person singular and plural forms: **il arrive / ils‿arrivent; elle habite / elles‿habitent**. This distinction is not heard if the verb form begins with a consonant or an **h aspiré: il parle** and **ils parlent** are pronounced the same.

Now turn on the tape.

**A.  Liaison: oui ou non?** Prononcez les phrases suivantes. Si une liaison est nécessaire, faites-la oralement et indiquez la liaison ( ‿ ) entre les lettres en question. Puis, écoutez pour vérifier les liaisons que vous avez indiquées.

> MODELES:  a.  Ils viennent souvent au labo.
>
> b.  Ils‿ouvrent leur cahier d'exercices tout de suite.

1.  Vous connaissez des photographes professionnels?

2.  L'équipement qu'ils ont est très compliqué.

3.  Comment peuvent-ils le manipuler?

4.  Mais leurs photos, elles sont toujours réussies!

5.  Et vous? Vous aimez prendre des photos?

**B.  Singulier ou pluriel?** Ecoutez les phrases suivantes. Si vous entendez un verbe au singulier, répondez avec le pluriel correspondant. Si vous entendez un pluriel, répondez au singulier. S'il est impossible de savoir si le verbe est au singulier ou au pluriel, répétez simplement la forme «à double valeur».

> MODELES:  a.  *Vous entendez:*  Il arrive tôt.
> *Vous répondez:*  Ils arrivent tôt.
>
> b.  *Vous entendez:*  Elles entrent tard.
> *Vous répondez:*  Elle entre tard.

1. ...    2. ...    3. ...    4. ...    5. ...

## PAROLES

**A.  L'état civil.** Un groupe de Français qui visitent votre ville se présentent. Ecoutez-les, puis devinez l'état civil de chacun.

> MODELE:  *Vous entendez:*  Je m'appelle Marie. Je suis légalement mariée, mais je n'habite plus
> avec mon mari.
> *Vous répondez:*  Marie est séparée.

1. ...    2. ...    3. ...    4. ...    5. ...    6. ...

**B. Un repas de famille.** Regardez cette «photo» de la famille Chartier. Plusieurs membres sont réunis pour fêter l'anniversaire du petit Benoît qui a huit ans aujourd'hui. Nommez chaque membre de la famille par rapport à Benoît. (Ensuite, répétez la réponse modèle.)

MODELE: (Bernard) → Bernard est son père.

1. ...    2. ...    3. ...    4. ...    5. ...

**C. Divers photographes.** Ecoutez ces descriptions de photographes et puis indiquez l'appareil que chacun d'entre eux utilise.

MODELE: *Vous entendez:* Ginette prend toujours des photos en noir et blanc.
*Vous répondez:* Ginette utilise un appareil photo.

1. ...    2. ...    3. ...    4. ...

**D. Et vous?** Répondez aux questions suivantes sur vous et votre famille. Ecrivez vos réponses.

1. _____
2. _____
3. _____
4. _____

## STRUCTURES

**A. Vous êtes pessimiste!** Votre cousin vous rend jaloux/ouse. Vous allez expliquer pourquoi. Modifiez chacune des phrases suivantes en l'adaptant à votre cas et en utilisant la négation indiquée.

MODELE: (ne... pas toujours) →
*Vous entendez:* Michel fait toujours son lit.
*Vous répondez:* Moi, je ne fais pas toujours mon lit.

1. (ne... pas)                    4. (ne... pas encore)
2. (ne... plus)                   5. (ne... jamais rien)
3. (ne... jamais)

**B. La famille de Brigitte.** Vous venez de rendre visite à la famille de votre copine française Brigitte. De retour à l'université, vous répondez aux questions de plusieurs camarades. Répondez en utilisant l'adverbe indiqué.

1. (très)
2. (souvent)
3. (rarement)

4. (très)
5. (heureusement)

**C. En famille.** Tous les membres de la famille sont ensemble dans la salle de séjour. Que font-ils? Vous allez entendre la même question deux fois. Répondez-y en utilisant les verbes suggérés. (Vous entendrez ensuite une des réponses possibles.) Verbes: *être, regarder, lire, dormir, se parler, avoir.*

1. ...    2. ...    3. ...    4. ...    5. ...

**D. La journée de Raoul.** Ecoutez Raoul qui décrit une journée typique et complétez le tableau. Vous entendrez Raoul deux fois.

LA JOURNEE DE RAOUL

| HEURE | ACTIVITE |
|---|---|
| _____ 1 | se lever |
| _____ 2 | aller au premier cours |
| 9h30–11h | _____ 3 |
| 11h | _____ 4 |
| midi | déjeuner |
| 13h | _____ 5 |
| _____ 6 | aller au labo |
| 15h30 | _____ 7 |
| _____ 8 | dîner |
| toute la soirée | _____ 9 |
| _____ 10 | se coucher |

**E. Vos habitudes.** Répondez aux questions en faisant attention à la forme du verbe. Ensuite vous entendrez une réponse possible.

1. ...    2. ...    3. ...    4. ...    5. ...

# Dictée

Vous entendrez la dictée deux fois. La première fois, écoutez; la deuxième fois, écrivez. Ensuite, réécoutez le premier enregistrement pour corriger. A la fin, choisissez parmi les «photos» ci-dessous celle qui correspond à la description donnée dans la dictée. (La ponctuation vous sera donnée en français: point = *period*; virguile = *comma*; point-virgule = *semicolon*.)

_____

_____

_____

_____

_____

_____

_____

1.

2.

3.

Quelle famille est-ce qu'on décrit? _____

# EXERCICES ECRITS

## PAROLES

**A.  L'état civil.** Complétez ce paragraphe avec les rapports de parenté ou les statuts d'état civil de ces personnes qui habitent le même immeuble (*apartment building*) à Paris.

Martin et Eric ont la même mère mais des pères différents. Ils sont _____.¹

Leur mère vient de perdre son père; il est _____² en septembre dernier. La grand-mère de Martin et d'Eric est maintenant _____.³

   Suzette n'a jamais été mariée. Elle est _____,⁴ mais sa camarade Martine qui n'est plus mariée et maintenant légalement indépendante est _____.⁵

Martine a la garde de ses deux _____,⁶ Antoine et Sébastien.

   André et Eve ne sont pas mariés, mais ils vivent ensemble. Ils sont _____.⁷

Mais ils sont fiancés et seront bientôt _____⁸ et

_____.⁹

**B.  La famille Morier.** Voici l'arbre généalogique de la famille Morier.

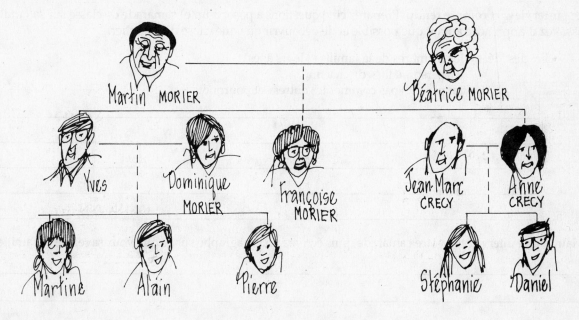

Décrivez cette famille en composant une série de phrases dans lesquelles vous utilisez chacune des expressions de parenté ou d'état civil suivantes. A vous d'établir l'ordre des phrases.

| | |
|---|---|
| le mari | cinq petits-enfants |
| la fille | la grand-mère |
| le fils aîné | le même grand-père |
| pas de jumeaux | deux tantes |
| célibataire | mariées |

_____

_____

_____

_____

_____

_____

_____

_____

_____

**C. Vous y connaissez-vous en photographie?** Complétez le texte suivant pour décider.

On prend des photos avec _____.[1] Elles peuvent être en

_____[2] ou en couleurs. On espère qu'elles seront toutes _____

_____,[3] mais parfois il y en a qui sont ratées. Avec cet appareil, on peut aussi

prendre _____.[4] Mais avec une caméra, on _____

_____[5] et avec un caméscope, on _____.[6]

**D. Interview et compte rendu.** Préparez cinq questions à poser à un(e) camarade de classe sur sa famille. Essayez d'apprendre autant que possible et de découvrir quelque chose de singulier.

Voici des idées:  les membres de la famille et leurs âges
les personnalités de chacun
un parent «pas commes les autres» et pourquoi

1. _____

2. _____

3. _____

4. _____

5. _____

Maintenant interviewez votre camarade, puis écrivez un paragraphe sur ce que vous savez de sa famille.

_____

_____

_____

_____

_____

## STRUCTURES

**A. La vieille tante Germaine.** Votre camarade Brigitte a une vieille tante avec qui vous n'avez pas beaucoup sympathisé. Utilisez les adverbes à droite pour compléter votre description—plutôt négative—de cette personne.

La tante Germaine a _____¹ l'air sévère. Elle ne sourit

jamais et, _____,² elle fait la grimace sans raison.

_____,³ cette personne obstinée parle

_____.⁴ C'est _____⁵ parce qu'elle

se sent très seule.

malheureusement<br>
parfois<br>
toujours<br>
peut-être<br>
constamment

**B.  La famille Leblon.** Employez les verbes de la liste suivante pour compléter ce texte où Jeannine Leblon nous décrit sa famille. Conjuguez les verbes à la forme correcte du présent de l'indicatif. Utilisez chaque verbe une seule fois.

Je _____¹ Jeannine Leblon et ma famille

_____² à Rouen. Notre maison n'_____³

pas très grande, mais elle _____⁴ à nos besoins. Quand

tous mes cousins _____⁵ en visite (pour mon anniversaire,

par exemple), la maison _____⁶ très petite, mais nous

_____⁷ quand même.

s'appeler<br>
correspondre<br>
s'amuser<br>
être<br>
venir<br>
habiter<br>
sembler

Mes parents _____⁸ tous les deux dans un laboratoire

d'analyses chimiques à Rouen. Mon père _____⁹ tous les

matins à huit heures (c'est l'heure où moi, je _____¹⁰!),

mais ma mère ne _____¹¹ pas partir si tôt.

partir<br>
se réveiller<br>
devoir<br>
travailler

Heureusement, parce qu'elle _____¹² besoin de

s'occuper de mon petit frère. Patrick est difficile: il n'_____¹³

presque jamais à personne. Lui et moi, nous ne _____¹⁴

pas très bien.

obéir<br>
s'entendre<br>
avoir

Par contre, j'_____¹⁵ mes sœurs jumelles, Annick et

Martine. Cette année, elles _____¹⁶ leurs études

secondaires et l'été prochain, elles _____¹⁷ à Londres faire

un stage d'informatique.

aller<br>
finir<br>
adorer

**C.  Optimiste, pessimiste.** Chantal est optimiste, mais son ami Robert est pessimiste. Complétez les phrases suivantes avec des expressions de négation.

1.  Chantal se lève *toujours* de bonne heure, mais Robert _____

    _____

2.  Chantal fait *souvent quelque chose* de gentil pour *quelqu'un*, mais Robert _____

    _____

3.  Chantal a *quelques* photos *dans son bureau*, mais Robert _____

    _____

4. En fait, Chantal aime la photographie—elle a *un* appareil photo *et un* caméscope, mais Robert

_____

_____

**D. Vive la différence!** Christine et Claudine sont camarades de chambre, mais leurs premières expériences à l'université sont très différentes. Complétez les phrases avec un mot ou une expression.

| | |
|---|---|
| aucune | encore personne |
| très bien | ni appareil photo ni caméscope |
| rien | ne fait jamais rien |

1. Christine connaît déjà beaucoup d'étudiants, mais Claudine ne connaît _____

_____ .

2. Claudine _____ , mais sa camarade fait

toujours quelque chose avec ses copains.

3. Christine aime la photographie et elle prend des diapositives et fait de la vidéo; Claudine n'a

_____ .

4. Dans leur chambre, Christine a plusieurs photos de famille, mais Claudine n'a _____

_____ photo de personne.

5. Pour le moment, _____ ne va pour Claudine

alors que tout se passe _____ pour Christine.

**E. La vie scolaire.** Les étudiants sont souvent pressés. Comment votre vie a-t-elle changé depuis que vous êtes étudiant(e)? Complétez les phrases suivantes.

1. Depuis le début de l'année scolaire, je ne _____

_____

2. Malheureusement, je n'ai plus le temps de _____

_____

3. Pendant le semestre, je _____

_____

4. Je ne _____ pas encore _____ ,

mais _____

5. Peut-être que _____

CHAPITRE 3

# EXERCICES ORAUX

## A l'écoute de la vie

### AVANT D'ECOUTER

**Etude de mots.** Analysez les mots suivants, puis utilisez-les dans les phrases données.

l'endroit (*m.*) = la situation géographique
se rendre (à) = aller
les goûts (*m.*) = ce qu'on aime

un niveau = un étage
l'aménagement (*m.*) = l'arrangement intérieur
en bas âge = jeune

1. Est-ce que vous avez trouvé une maison à vos _____?

2. Où se trouve cette maison? A quel _____?

3. C'est idéal pour une famille avec plusieurs enfants _____.

4. Ils peuvent _____ à l'école à pied.

5. La maison a plusieurs _____.

6. Comme _____ dans la cuisine, il y a déjà un frigo et une cuisinière.

### A L'ECOUTE

**A.** Lisez les phrases ci-dessous, puis écoutez la bande sonore une première fois en indiquant si ces phrases sont vraies (V) ou fausses (F).

|  | V | F |
|---|---|---|
| 1. Le monsieur qui parle vient d'acheter une maison. | ☐ | ☐ |
| 2. Sa femme travaille et ne peut donc pas amener les enfants à l'école. | ☐ | ☐ |
| 3. Il y a trois enfants dans la famille. | ☐ | ☐ |
| 4. La famille voulait habiter tout près du centre-ville à cause des enfants. | ☐ | ☐ |
| 5. La maison n'était pas chère. | ☐ | ☐ |
| 6. C'est une maison neuve, qui n'a jamais été habitée. | ☐ | ☐ |
| 7. Il n'y avait aucun appareil ménager dans la maison. | ☐ | ☐ |

**B.** Ecoutez une deuxième fois, surtout le début de la séquence sonore, et complétez.

   1.  Selon ce monsieur, les deux facteurs principaux à considérer quand on achète une maison sont

       _____ et _____ .

   2.  Il faut aussi, bien sûr, que la maison corresponde aux _____ de l'acheteur.

**C.** Ecoutez encore, surtout la deuxième partie de la séquence sonore, et remplissez le tableau suivant, selon le modèle.

| | Oui | Non | Nombre | Où? rez-de-chaussée | étage |
|---|---|---|---|---|---|
| MODELE:        garage | X | | 1 | X | |
| cuisine | | | | | |
| salle de bains | | | | | |
| salon | | | | | |
| bureau | | | | | |
| chambre(s) | | | | | |
| buanderie (*laundry room*) | | | | | |
| cheminée | | | | | |

# A vous la parole

PHONETIQUE

**Rising Intonation**

Intonation refers to the way your voice rises and falls as you speak. In both French and English, intonation rises in questions that have a yes or a no answer.

   Turn on the tape to listen to the following pairs of sentences. The first is a declarative sentence with falling intonation, and the second is a question with rising intonation. This difference in intonation allows you to distinguish a sentence from a yes/no question.

   La table est de style rustique.
   La table est de style rustique?

   Martine a une cuisinière électrique.
   Martine a une cuisinière électrique?

   Vous mangez en regardant la télé.
   Vous mangez en regardant la télé?

**A.  C'est vrai?** Votre camarade-voyageur décrit la maison de la famille de Brigitte en France. Vous n'en croyez pas vos oreilles! Associez à chaque phrase une question avec intonation montante, selon le modèle.

MODELE: *Vous entendez:* Les parents de Brigitte habitent dans un très grand appartement.
*Vous répondez:* C'est vrai? Ils habitent dans un très grand appartement?

1. ... 2. ... 3. ... 4. ...

**B. Comment?** Vous téléphonez à un agent immobilier à propos d'une maison que vous pensez peut-être acheter. L'agent vous décrit certains aspects de la maison, mais vous ne l'entendez pas très bien. Pour être sûr(e) de l'avoir compris, vous lui posez des questions en utilisant **est-ce que**. Faites attention à l'intonation.

MODELE: *Vous entendez:* La maison est grande.
*Vous répondez:* Est-ce que la maison est grande?

1. ... 2. ... 3. ... 4. ... 5. ...

## PAROLES

**A. Vous emménagez?** Les déménageurs (*movers*) arrivent et vous demandent où mettre vos affaires. Répondez logiquement selon le modèle. Mots utiles: *le séjour, la cuisine, la chambre, la salle à manger.*

MODELE: *Vous entendez:* Le canapé?
*Vous répondez:* Mettez le canapé dans le séjour.

1. ... 2. ... 3. ... 4. ... 5. ... 6. ... 7. ...

**B. Les appareils.** Ecoutez les définitions, puis dites de quelle machine on parle.

MODELE: *Vous entendez:* C'est un ensemble d'appareils qui nous permet d'écouter de la musique sur cassette ou sur disque.
*Vous répondez:* C'est une chaîne stéréo.

1. ... 2. ... 3. ... 4. ... 5. ...

**C. La chambre de Brigitte.** Une des raisons de la surprise de Brigitte, c'est que sa chambre à la résidence universitaire est très modeste, avec un seul appareil. Regardez le dessin de sa chambre, écoutez les questions (répétées deux fois), puis répondez-y. (Vous entendrez ensuite une des réponses possibles.)

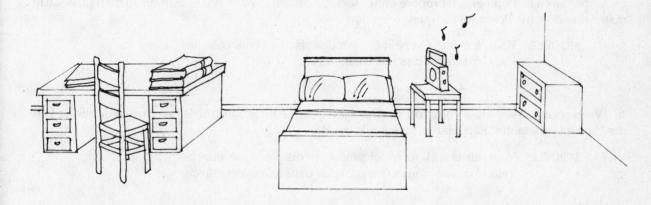

1. ... 2. ... 3. ...

**D. Maintenant à vous!** Est-ce que votre chambre ressemble à celle de Brigitte? Répondez aux questions (répétées deux fois) par écrit.

1. _____

2. _____

3. _____

4. _____

**E. Etes-vous artiste?** Ecoutez le texte suivant deux fois et indiquez où se trouve chaque pièce et chaque meuble mentionnés.

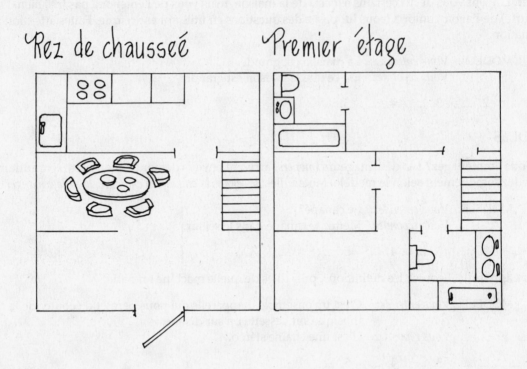

Rez de chausseé          Premier étage

## STRUCTURES

**A. Un week-end plein de choses!** Un de vos camarades vous invite à passer le week-end dans le chalet de ses parents à la montagne. Il propose toutes sortes d'activités. Vous voulez être sûr(e) qu'il possède le matériel nécessaire. Posez-lui des questions selon le modèle.

> MODELE: *Vous entendez:* On peut écouter des disques et des cassettes.
> *Vous répondez:* Tu as une chaîne stéréo?

1. ...    2. ...    3. ...    4. ...    5. ...

**B. Vous n'en pouvez plus!** Votre cousin vous agace parce qu'il ne fait jamais rien et qu'il oublie de faire des choses importantes. Rappelez-le-lui selon le modèle.

> MODELE: *Vous entendez:* Il ne remet jamais vos disques dans leurs pochettes.
> *Vous répondez:* Remets mes disques dans leurs pochettes!

1. ...    2. ...    3. ...    4. ...    5. ...

**C. Les Hespérides Masséna.** Voici une publicité pour des appartements à Nice. Arrêtez la cassette pour la lire, puis remettez la cassette en marche et répondez aux questions (répétées deux fois).

Vue depuis le cercle.

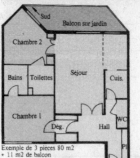

Exemple de 3 pièces 80 m2
+ 11 m2 de balcon

### Des Appartements Espace

Aux Hespérides Masséna, vivez l'espace
dans un grand 2 pièces ou 3 pièces.
Beaucoup s'ouvrent sur le jardin,
espace privilégié au cœur de Nice. Et à 50 m
face au vieux Nice si pittoresque les
superbes jardins de l'espace Masséna :
Un espace de verdure jusqu'à la Mer.
Un emplacement exceptionnel.

### Un Espace de Services

Restauration, accueil, paramédical,
ménager, petit dépannage, dispositif de
protections multiples et de surveillance
24 h sur 24 h. Un Cercle chaleureux.

Résidence-Services
## Les Hespérides Masséna

Bureau de vente sur place
4, rue Alberti, Nice
### Tél. 93.62.26.35
A Paris : 1.42.66.36.36

COGEDIM
HESPERIDES

1. ...    2. ...    3. ...    4. ...

**D. A la maison.** Brigitte, la jeune Française qui est étudiante à votre université, arrive à la maison de vos parents pour y passer le week-end. Elle est impressionnée par tous les appareils qu'il y a. Après une visite rapide de toute la maison, elle vous pose des questions. Ecoutez deux fois ses questions et écrivez vos réponses.

1. _____

   _____

2. _____

   _____

3. _____

_____

4. _____

_____

5. _____

_____

# Dictée

Vous entendrez la dictée deux fois. La première fois, écoutez. La deuxième fois, écrivez. Ensuite, réécoutez le premier enregistrement pour corriger. A la fin, formez deux questions que vous aimeriez poser pour en savoir plus sur le logement décrit.

_____

_____

_____

_____

_____

_____

_____

Deux questions:

1. _____

2. _____

# EXERCICES ECRITS

## PAROLES

**A. Un samedi difficile.** Marc et sa jeune femme Suzanne sont très occupés pendant la semaine. Pour eux, le samedi, c'est aussi un jour de travail... ménager. Complétez le texte avec les mots appropriés.

Le samedi matin, Marc ramasse tous les vêtements sales pour faire _____

_____.[1] Il les met d'abord dans _____[2] et ensuite dans

_____[3] pour les faire sécher. Après, il repasse les chemisiers et les

jupes de Suzanne en utilisant _____.[4] Pendant ce temps Suzanne

nettoie la maison et elle passe _____[5] sur la moquette.

L'après-midi, ils font leurs courses et après, ils rangent les provisions. Par exemple, Marc met les

produits laitiers dans _____[6] et les boîtes de conserve dans

_____.[7] Suzanne prépare le dîner très rapidement en utilisant

_____.[8]

Après avoir mangé, Suzanne lave la vaisselle et Marc l'_____.[9]

Malheureusement, ils n'ont pas de _____.[10] Enfin ils passent au

séjour et regardent _____[11] ou bien ils écoutent _____

_____[12] ou _____.[13]

**B. A la maison.** On fait toutes sortes de choses à la maison. Indiquez où—dans quelle pièce ou à quel étage—on fait normalement les choses suivantes.

1. On se brosse les dents et on prend une douche _____

   _____

2. On s'habille et se déshabille _____

3. On reçoit des amis _____

4. On prend ses repas de fête _____

5. On fait la lessive _____

6. On fait la vaisselle _____

7. On range de vieux meubles _____

**C. On emménage!** Voici le plan de la maison où vous allez habiter cette année. Ci-dessous, il y a une liste de tous les meubles et appareils que vous voulez y mettre. Ecrivez un petit guide pour les déménageurs (*movers*) en leur expliquant dans quelle pièce il faut mettre les diverses choses.

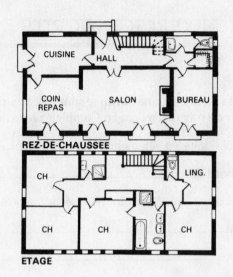

1. un canapé moderne
2. trois tables de nuit
3. une cuisinière à gaz
4. deux commodes
5. un sèche-linge
6. une table et six chaises
7. deux fauteuils Louis XVI
8. un tapis oriental
9. une armoire
10. un bureau et sa chaise
11. un réfrigérateur
12. ?

MODELE: _Mettez le canapé moderne dans le salon_

_____
_____
_____
_____
_____
_____
_____
_____
_____
_____

**D. Qui achète quoi?** Dans notre société de consommation, les gens adorent acheter. Composez des phrases où vous décrivez le type de personne qui achète les choses suivantes. Faites preuve d'imagination.

MODELE: (les disques) → Une personne qui aime la musique achète des disques.

1. (un tableau impressionniste) _____

_____

2. (une caravane) _____

_____

3.  (un ordinateur) _____

_____

4.  (un magnétoscope) _____

_____

5.  (des cassettes de musique) _____

_____

6.  (une voiture de sport) _____

_____

## STRUCTURES

**A.  La famille Leblon n'est pas comme nous!** Après votre visite chez les Leblon, vous expliquez à vos parents toutes les différences que vous avez remarquées entre les deux familles. A partir de chaque indice, composez une phrase.

> MODELE: (acheter beaucoup de cassettes vidéo) →
> La famille Leblon achète beaucoup de cassettes vidéo alors que nous, nous n'achetons pas beaucoup de cassettes vidéo.

1.  (se lever à 10h tous les jours) _____

_____

_____

2.  (posséder deux résidences secondaires) _____

_____

_____

3.  (essayer de manger beaucoup de légumes) _____

_____

_____

4.  (envoyer des cartes de vœux pour le Nouvel An) _____

_____

_____

5.  (préférer dîner à minuit) _____

_____

_____

6.  (manger toujours sur la terrasse en hiver) _____

_____

_____

7. (jeter son linge sale dans le jardin) _____

_____

_____

**B. On met la charrue devant les bœufs!** (*Proverb: To put the cart before the horse.*) Deux sociologues décrivent le style de vie des jeunes. A vous de formuler les questions qu'ils ont posées. Employez **est-ce que**.

MODELE: *Réponse:* On lit *un livre par mois.*
*Question:* Combien de livres est-ce que les jeunes lisent par mois?

1. On aime dîner *dans le séjour devant la télé.*

_____

_____

2. On préfère les plats *surgelés.*

_____

_____

3. Beaucoup de jeunes préfèrent les plats surgelés *parce qu'ils peuvent les réchauffer très rapidement dans un four à micro-ondes.*

_____

_____

4. On passe *rarement plus d'une heure* à dîner en semaine.

_____

_____

5. On fait généralement la vaisselle *le lendemain matin.*

_____

_____

6. Le soir et le week-end les jeunes regardent la télé. Ils aiment beaucoup les émissions *sportives.*

_____

_____

**C. Comment? Quelle était la question?** Récrivez les six questions de l'exercice B, mais cette fois, utilisez l'inversion à la place de **est-ce que**.

1. _____

_____

2. _____

_____

3. _____

_____

4. _____

_____

5. _____

_____

6. _____

_____

**D.  L'interview des enquêteurs.** Cette fois vous interviewez deux sociologues à propos de leur métier. Leurs réponses se trouvent ci-dessous. Posez une question convenable en utilisant les éléments donnés.

1.  depuis / faire ce travail

_____

_____?

—Ça fait plus de quatre ans.

2.  préférer / interroger / gens / dans la rue / chez eux

_____

_____?

—Eh bien, ça dépend de la nature des questions.

3.  quel / questions / agacer / gens

_____

_____?

—Les questions personnelles.

4.  pourquoi / passer / votre temps / interroger les gens

_____

_____?

—Parce que nous étudions la société de consommation.

**E.  Préparons-nous!** Ce soir, votre camarade de chambre et vous allez recevoir des copains pour une petite soirée. Puisque vous devez sortir faire des courses avant le retour de votre camarade, laissez-lui une liste de choses à faire. Mettez les verbes à l'impératif.

*Range tes vêtements dans le placard!*

_____

_____

_____

_____

_____

_____

# POUR LE PLAISIR DE LIRE

## Hélène de Beauvoir

**Pour le plaisir de lire**  This supplementary reading section appears at the end of each workbook unit. It contains transcribed interviews with a variety of French speakers, on topics related to the unit's themes. After your work on the unit, you should find these interviews relatively easy to read.

### Hélène de Beauvoir: Artiste et féministe

Hélène de Beauvoir, born in 1910, is an artist and engraver. Since 1936, she has had many gallery exhibitions of her paintings and copper engravings in Europe, Japan, and the United States. Sixteen of those engravings illustrate the 1967 short story "La Femme rompue" ("A Woman Destroyed") by her sister Simone de Beauvoir.* Hélène de Beauvoir has a long-standing interest in feminist questions. She was interviewed in September 1985 in her home in Goxwiller, Alsace.

♦

*Nous aimerions d'abord faire votre connaissance. Pouvez-vous vous présenter à nous? Qui êtes-vous, c'est-à-dire, quelle sorte de personne êtes-vous? Où êtes-vous née? Où habitez-vous maintenant? Que faites-vous comme profession?*

Je suis née à Paris au-dessus d'un café: c'était La Rotonde à Montparnasse. Donc petite fille, je regardais de mon balcon des gens qui me paraissaient beaucoup plus amusants que les gens très, très catholiques et très colletmonté° que fréquentaient° mes parents. Je rêvais, un jour, d'appartenir à° un groupe pareil... c'était les artistes de Montparnasse. Et j'ai vu là, les premières femmes aux jupes courtes et cheveux coupés; c'était très amusant. Je pense que c'est un tout petit peu l'origine de ma vocation. Eh bien, maintenant, j'habite un petit village d'Alsace depuis près de 23 ans. Je suis peintre et graveur.

*prissy, stiff-necked*
*voyaient / d'... faire partie de*

Quelle sorte de personne suis-je? C'est très difficile à dire. Je peux dire que je suis gaie, ça c'est certain, optimiste, j'adore la vie. Je crois être très obstinée et il faut avoir beaucoup d'obstination dans le travail. Et ça manque° quelquefois aux femmes. Vous savez, les femmes, elles ne sont pas éduquées dans ce sens, moi non plus du reste. C'est peut-être chez moi comme une révolte qui a fait que je me suis accrochée à° la peinture.

*is missing*

*je... j'ai continué avec*

*Votre sœur et vous avez choisi des carrières artistiques. Pouvez-vous retracer les raisons qui vous ont toutes deux poussées à suivre cette voie°?*

*chemin, route*

Ça c'était certainement une réaction contre notre milieu et contre notre éducation parce que nous vivions par ma mère, nous vivions dans un milieu très catholique, très ennuyeux. Vous savez qu'à 17 ans, quand j'ai vu pour la première fois une étrangère, c'était une jeune fille au pair chez des amis. On ne voyait que des bons Français et encore il fallait qu'ils soient des bons catholiques et même, j'allais au Luxembourg parce que nous habitions à côté, mais nous n'avions pas le droit de jouer même avec des filles de notre classe si ma mère ne faisait pas des

_____

*Simone de Beauvoir was a famous existentialist writer whose life and thought were closely associated with those of philosopher Jean-Paul Sartre.

Hélène de Beauvoir

visites, n'était pas en relation de visites avec les mères. C'était une éducation absolument oppressante. Notre père n'était pas croyant,° alors ça faisait déjà poser
des questions. Mon père se moquait un tout petit peu de la religion. Il se moquait
de nos professeurs et puis lui, je vous ai dit, c'était le côté futile de la famille. Et
très jeune, j'ai remarqué que les hommes jouent, les femmes ne jouent pas.

*Est-ce qu'il y a quelques anecdotes de votre jeunesse que vous pourriez nous raconter?*

Alors, écoutez, il y en a une qui est justement assez caractéristique de la condi-
tion du fond° artiste. C'est une histoire qui m'a blessée,° c'est une vieille histoire
de la jeunesse. En 1937, il y a eu une grande exposition à Paris et un architecte
m'a commandé° deux grands panneaux.° J'ai acheté le matériel, j'étais très
pauvre, j'ai même payé des modèles et j'ai fait deux panneaux. Mon Dieu, qu'ils
étaient beaux! Et quand il est venu, en principe prendre la livraison° des
panneaux pour les exposer, il m'a posé certaines conditions que je vous laisse
deviner.° Et j'ai répondu: «Monsieur, ma peinture est à vendre mais pas moi!» Et
voilà comment ça s'est terminé. Et je pense que je ne suis pas sûrement la seule
femme-artiste à qui ça soit arrivé. Je crois, du reste, que c'est difficile de ne pas
être féministe, parce que tous les hommes mufles° en profitent.

*Comment pouvez-vous décrire votre œuvre?*

J'ai essayé de faire à la fois une peinture figurative et abstraite, me servir des
deux, parce que j'ai pensé que la figuration permettait une richesse de vocabulaire. Mais je crois que ma peinture, je ne sais si c'est un défaut ou une qualité,
est très personnelle.

*Y a-t-il des difficultés que vous avez dû° surmonter en tant que femme-artiste afin de
poursuivre° votre carrière?*

Avant tout, des difficultés d'argent... Remarquez, j'ai connu de très grands
artistes dans ma vie, comme Picasso et Léger. Eux, ils prennent les femmes au
sérieux. Mais les tout petits artistes, ils sont les plus nombreux, ils n'encouragent
pas et c'est dur.° Parce que pour créer, il faut une énorme confiance en soi, et

Considérez: croire

milieu / offensée

m'a... m'a demandé
    de faire / *mot ap.*
*delivery*

découvrir la
    signification

*cads*

verbe: devoir
afin... pour continuer

difficile

moi, je me suis toujours étonnée° d'avoir eu cette confiance en moi. Mais enfin — surprise
j'ai parié° sur moi et de toute façon je pense que sans aucun succès, j'aurais — bet
continué. C'était une passion.

*Aux Etats-Unis, on s'intéresse beaucoup au féminisme et au mouvement pour la*
*libération des femmes. Est-ce que vous vous considérez «féministe» et jusqu'à quel point*
*vous sentez-vous solidaire du MLF\* ou d'autres groupes féministes?*

Je vais vous dire tout de suite: pas le MLF actuel° parce que le MLF, «marque — d'aujourd'hui
déposée»° comme on dit, c'est un groupe de femmes qui ont fait ce qui n'est pas — marque... *registered*
pour moi le vrai féminisme. Le vrai féminisme commence par l'intérêt, la — *trademark*
sympathie pour les autres femmes. Il y a aussi des femmes qui pensent que si
elles se disent féministes, les hommes ne les aimeront pas parce qu'elles ont
perdu leur féminité et il y a une légende qui veut que les féministes soient laides
et hommasses.° Moi je connais des féministes ravissantes° et fines et puis surtout — masculines / très
aussi féminines que les autres mais dans un autre sens du terme. Je suis — belles
résolument° féministe. L'histoire de France est faite par les hommes (Louis XIV, — avec détermination
Napoléon) mais ça ne veut pas dire qu'ils étaient tellement supérieurs. Je me
rappelle quand mes professeurs m'expliquaient gravement que les femmes
étaient très inférieures aux hommes! J'ai essayé de résister, mais sottement° — sans intelligence
comme une enfant de 10 ans.

    Les hommes de ma famille: mon père travaillait peu, son frère pas du tout,
un oncle que j'aimais beaucoup, qui vivait à la campagne, ne faisait que monter à
cheval et faisait travailler ses paysans. Alors, au contraire, les femmes étaient très
sérieuses avec des vies pas toujours amusantes, très sérieuses, elles travaillaient,
elles se donnaient du mal et alors donc je n'ai pas eu de modèle masculin qui
m'ait ébloui.° — frappée, impressionnée

*On dit toujours que Paris est le centre intellectuel et artistique de la France. Est-ce qu'il*
*est difficile pour vous de ne pas vivre à Paris?*

Du point de vue travail, c'est excellent. Du point de vue carrière,° si je tenais plus — profession
à° ma carrière qu'à mon œuvre, je serais désespérée.° A Paris simplement, — si... si j'étais plus
j'invitais les gens à venir voir ma peinture, et je faisais des visites d'ateliers.° Ici — attachée à / *mot ap.*
j'ai des amis qui viennent; mais des gens qui comptent, des critiques, des — lieux où travaillent
marchands de tableaux, rien. L'Alsace c'est un centre pour les musiciens; — des artistes
Strasbourg est une très belle ville pour le théâtre, mais pour les arts plastiques,
c'est vraiment zéro. Les collectionneurs vont acheter à Paris. J'exporte beaucoup
plus à l'étranger (au Japon, en Allemagne, au Danemark) qu'à Paris. Vous
comprenez, moi, je trouve que ce n'est pas à moi de chercher des galeries. Mon
métier, c'est de peindre. Je n'ai pas de temps à perdre.

*Comment pouvez-vous vous situer dans le mouvement artistique contemporain?*

Comme je n'ai jamais suivi aucune mode et que je refuse, que je n'aime aucune
mode, je suis toujours un petit peu en dehors du mouvement.

## AVEZ-VOUS COMPRIS?

**A.** Complétez.

    1.   Hélène de Beauvoir est née à _____.

    2.   Sa mère était _____ et très religieuse.

    3.   Maintenant elle habite en _____.

---

\*Mouvement pour la libération des femmes

4. Comme profession, elle est _____ et _____.

5. Elle dit que son style artistique est _____ et _____.

6. Hélène de Beauvoir explique que le MLF est un groupe _____.

7. Sa sœur, _____, était femme de lettres.

8. Hélène de Beauvoir a créé des _____ pour une nouvelle par sa sœur.

**B.** Décrivez l'atmosphère de la maison de l'enfant Hélène.

**C.** Décrivez ce qu'elle observait autour d'elle à Montparnasse.

**D.** Quelles étaient les différences en matière de croyance religieuse entre sa mère et son père? Quel effet est-ce que cela a eu sur elle?

**E.** Quelles différences voyait-elle entre les femmes et les hommes de sa famille?

**F.** Quelles difficultés a-t-elle éprouvées au commencement de sa carrière? Dans quelle mesure ces difficultés sont-elles typiques pour les femmes-artistes?

**G.** Comment se décrit-elle (caractère et œuvre artistique)?

**H.** Comment explique-t-elle son féminisme?

# THEME II

# CHAPITRE 4

## EXERCICES ORAUX

## A l'écoute de la vie

### AVANT D'ECOUTER

Quand vous étiez à l'école primaire, quel était votre emploi du temps? Indiquez les heures ou répondez selon les indications.

MODELE: Lever __7h__

1. Lever _____

2. Arrivée à l'école _____

3. Départ de l'école _____

4. Repas de midi: entre _____ et _____. Où? (à la cantine? à la maison?)

   _____

5. Récréations (combien?) _____

6. Activitiés favorites aux récréations _____

7. Matière préférée à l'école _____

### A L'ECOUTE

**A.** Vous allez entendre une conversation avec Samuel, un élève au collège. Ecoutez une première fois et organisez les sujets suivants selon l'ordre de présentation dans la conversation. Numérotez de 1 à 8.

_____ commentaires sur l'école maternelle

_____ âge actuel de Samuel

_____ âge d'entrée à l'école primaire

_____ classe actuelle de Samuel

_____ matière préférée de Samuel à l'école primaire

_____ nom des différentes classes à l'école primaire

_____ activités pendant les récréations

_____ emploi du temps d'une journée à l'école primaire

**B.** Ecoutez une deuxième fois et complétez.

1. L'âge

   a. Age d'entrée à l'école maternelle: _____ ou _____

   b. Age d'entrée à l'école primaire: _____

   c. Age actuel de Samuel: _____

2. L'heure

   a. Heure à laquelle Samuel se lève: _____

   b. Heure à laquelle l'école commence: _____

   c. Heure à laquelle les classes du matin finissent: _____

   d. Heure à laquelle l'école recommence l'après-midi: _____

   e. Heure à laquelle l'école finit: _____

3. Les activités

   a. Activités principales à l'école maternelle: _____

   b. Activités favorites de Samuel aux récréations: _____

4. Matière préférée de Samuel: _____

5. Pourquoi Samuel aimait-il cette matière? Cochez toutes les réponses appropriées.

   ☐ L'institutrice était amusante.

   ☐ Les autres élèves étaient bons.

   ☐ Les autres élèves étaient nuls.

   ☐ Samuel était le meilleur.

**C.** Ecoutez une troisième fois et notez deux choses qui vous frappent comme des différences culturelles entre la France et les Etats-Unis.

_____

_____

# A vous la parole

PHONETIQUE

**Diphthongs**

When two or more vowel sounds run together, the result is called a diphthong (**une diphtongue**). The vowels in *toy* and *say*, like many vowels in English, are diphthongs. French vowels, by contrast, usually consist of only one pure sound.

As you practice the passé composé, give special attention to the final vowel sound. Try to keep the muscles in your mouth tense as you speak and to make all the vowel sounds short, like staccato notes.

Now turn on the tape.

Avant de commencer, écoutez ce contraste:

en anglais: *pay;* en français: **paix.**
Encore une fois: en anglais: *pay;* en français: **paix.**

**A. Du présent au passé composé.** Substituez le passé composé au présent. Essayez de ne pas faire de diphtongues. Ensuite, répétez la réponse modèle.

MODELE: *Vous entendez:* je parle
*Vous répondez:* j'ai parlé

1. ... 2. ... 3. ... 4. ... 5. ... 6. ... 7. ...

**B. Présent ou passé composé?** Si vous entendez le présent, donnez le passé composé; si vous entendez le passé composé, répondez au présent. Essayez d'éviter la diphtongaison.

MODELES: a. *Vous entendez:* je parle
*Vous répondez:* j'ai parlé

b. *Vous entendez:* nous avons fini
*Vous répondez:* nous finissons

1. ... 2. ... 3. ... 4. ... 5. ... 6. ...

## PAROLES

**A. Quel âge? Quelle école?** Connaissant l'âge d'une personne, vous pouvez savoir à quelle école elle se rend. Répondez selon le modèle. Réponses possibles: *à l'école maternelle, à l'école primaire, au collège, au lycée, à l'université.*

MODELE: *Vous entendez:* Mireille a sept ans.
*Vous répondez:* Mireille va à l'école primaire.

1. ... 2. ... 3. ... 4. ... 5. ...

**B. Quelle est la matière dominante?** Ecoutez ces étudiants qui parlent de leurs cours, puis déterminez leur matière dominante (*major*). Réponses possibles: *langues modernes, informatique, histoire, mathématiques, sciences naturelles, musique.*

MODELE: *Vous entendez:* J'ai un cours d'algèbre et deux cours de calcul.
*Vous répondez:* C'est une étudiante en mathématiques.

1. ... 2. ... 3. ... 4. ... 5. ...

**C. Au boulot.** Regardez ces dessins de trois scènes scolaires, puis répondez aux questions. (Vous entendrez ensuite une des réponses possibles.)

1.

2.

3.

1. ...    2. ...    3. ...    4. ...    5. ...

**D. Maintenant à vous!** Voici des questions (répétées deux fois) au sujet de votre vie scolaire. Ecrivez vos réponses.

1. _____

_____

2. _____

_____

3. _____

_____

4. _____

_____

5. _____

_____

## STRUCTURES

**A. La routine.** Luc est lycéen et sa vie est monotone. Luc va vous dire (deux fois) ce qu'il a fait aujourd'hui. Demandez-lui s'il a fait la même chose hier.

MODELE:  *Vous entendez:*  Je prends mon petit déjeuner à 5h30 aujourd'hui.
   *Vous répondez:*  Tu as pris ton petit déjeuner à 5h30 hier aussi?

1. ...    2. ...    3. ...    4. ...

**B. L'école buissonnière.** Regardez les dessins, puis composez une phrase pour décrire comment chaque élève a passé sa journée d'école buissonnière. (Ensuite, répétez la réponse modèle.)

Stéphanie

MODELE:  *Vous entendez:* Stéphanie
   *Vous répondez:* Stéphanie a écouté des disques.

1. Christian    2. Sophie    3. Alain

4. Marie / Nicole    5. Michel    6. *Le petit prince*

**C. Tant pis pour vous!** Gertrude vous agace parce qu'elle fait toujours tout... à l'heure et sans erreur. Vous, par contre,.... Répondez selon le modèle.

MODELE: *Vous entendez:* Gertrude est arrivée à l'heure.
*Vous répondez:* Moi, je ne suis pas arrivé(e) à l'heure.

1. ...    2. ...    3. ...    4. ...

**D. A l'école secondaire.** Répondez honnêtement (!) aux questions sur vos expériences d'élève à l'école secondaire. Ecrivez vos réponses.

1. _____

2. _____

3. _____

4. _____

# Dictée

Vous entendrez la dictée deux fois. La première fois, écoutez. La deuxième fois, écrivez. Ensuite, réécoutez le premier enregistrement pour corriger.

_____

_____

_____

_____

_____

_____

_____

# EXERCICES ECRITS

PAROLES

**A. Comparons!** Voici une liste d'âges. Indiquez dans quelle école les Français et les Américains se trouvent aux divers âges. Complétez le tableau.

| FRANCE | AGE | USA |
|--------|-----|-----|
| à l'école maternelle { | 2 | |
| | 3 | |
| | 4 | |
| | 5 | |
| | 6 | |
| | 7 | |
| | 8 | |
| | 9 | |
| | 10 | |
| | 11 | |
| | 12 | |
| | 13 | |
| | 14 | |
| | 15 | |
| | 16 | à l'école secondaire |
| | 17 | |
| | 18 | |

**B. Tout un programme.** La liste de gauche est une liste de matières; la liste de droite est une liste de sujets d'étude. Reliez logiquement chaque sujet d'étude à la matière dont il fait partie.

MATIERES

1. _____ la géographie
2. _____ la physique
3. _____ la philosophie
4. _____ les sciences économiques
5. _____ l'histoire
6. _____ la psychologie
7. _____ la géométrie
8. _____ la musique
9. _____ la zoologie
10. _____ la littérature
11. _____ les sciences politiques
12. _____ l'histoire de l'art

SUJETS

a. le théorème de Pythagore
b. l'acoustique
c. les serpents
d. Shakespeare
e. la Révolution française
f. l'impressionnisme
g. les fleuves de l'Europe
h. l'existentialisme
i. les chiens de Pavlov
j. la monarchie parlementaire
k. l'inflation
l. Berlioz

**C. Le cartable de Pierrot.** Pierrot vient d'arriver à l'école et il vide son cartable. Etiquetez (*Label*) sur le dessin les articles qu'il a déjà sortis, puis dressez une liste de quatre autres articles qui sont toujours dans le cartable.

Pierrot n'a pas encore sorti _____

_____

**D. Votre sac à dos ou votre serviette.** Les étudiants mettent souvent leurs affaires dans un sac à dos ou une serviette. Vous ne devez pas faire exception. Choisissez un jour précis (aujourd'hui, lundi dernier...) et écrivez des phrases où vous indiquez quels articles vous y avez mis et pourquoi.

   MODELE:   J'y ai mis ma calculatrice pour mon cours de maths.

_____

_____

_____

_____

_____

## STRUCTURES

**A. *Etre* ou *avoir*?** A l'école primaire, Pierre Morier fait de la grammaire française. Il a beaucoup de mal à se rappeler les verbes qui sont conjugués avec *être* au passé composé, sans parler de tous les participes irréguliers! Voici un exercice extrait de son manuel de grammaire. (Pierre a fait douze erreurs! Et vous?) Mettez les verbes suivants au passé composé.

   1.   nous répondons _____

   2.   Jean et Marc finissent _____

   3.   j'entre _____

   4.   elle se lève _____

   5.   vous comprenez _____

   6.   tu ouvres _____

   7.   Claude dit _____

   8.   elles font _____

   9.   je suis _____

10. tu as _____

11. nous mettons _____

12. vous buvez _____

13. ils s'écrivent _____

14. elle connaît _____

15. elles viennent _____

16. nous courons _____

17. Nathalie arrive _____

18. je vais _____

19. Nicolas descend _____

20. vous sortez _____

**B. Une lettre sans toutes ses lettres!** Voici une lettre que vous venez de recevoir. Vraisemblablement, votre correspondante Gisèle ne comprend pas très bien le passé composé, et donc elle a laissé beaucoup de blancs. A vous de les remplir, mais seulement s'il le faut.

Rouen, le 14 octobre

Cher (Chère) _____ (votre prénom)

J'ai reçu____1 hier les cassettes que tu m'_____2 envoyé____3 et je les adore! Hier soir, beaucoup de mes copains _____4 venu____5 chez moi et nous _____6 écouté____7 tes cassettes et des disques que j'ai acheté____8 à Paris le mois dernier.

Nous _____9 sorti____10 la voiture du garage que nous _____11 transformé____12 en une énorme salle de fête où nous _____13 dansé____14 jusqu'à minuit passé. Tout le monde s'_____15 bien amusé____16 et personne n'_____17 parti____18 avant une heure du matin. Nous _____19 longuement parlé____20 de toutes sortes de choses. En plus, Nicolas et Alexandre _____21 raconté____22 des souvenirs de leur séjour en Russie. Nous _____23 passé____24 une soirée super-chouette. Il ne manquait que toi!

Bises,<br>Gisèle

**C. Il ne faut pas remettre à demain ce qu'on peut faire le jour même!** Dressez une liste de six actions que vous n'avez pas faites la semaine dernière mais que vous auriez dû faire (*should have done*).

MODELE: Je n'ai pas répondu à la gentille lettre de grand-mère.

1. _____

2. _____

3. _____

4. _____

5. _____

6. _____

**D. Une soirée perdue.** Complétez le paragraphe suivant avec les mots donnés. Attention à la place des négatifs et des adverbes. Utilisez chaque mot une seule fois.

pas     personne     sûrement     peut-être
rien     aucune     complètement

Hier soir, Nathalie n'a _____[1] fait. Elle n'a _____[2] fait de devoirs; elle n'a

écrit _____[3] lettre; elle n'a téléphoné à _____.[4] Elle a _____[5]

perdu une soirée. Pourquoi? Elle a _____[6] reçu de mauvaises nouvelles pendant la

journée. Ella n'a _____[7] pas réussi à son examen de calcul.

**E. Avez-vous jamais... ?** Répondez aux questions suivantes par l'affirmative ou la négative selon vos expériences.

1. Avez-vous jamais eu d'accident de voiture? En quelle année?

_____

_____

2. Quelles grandes villes avez-vous visitées? Qu'est-ce que vous y avez fait?

_____

_____

3. Etes-vous jamais parti(e) à l'étranger? Dans quels pays?

_____

_____

4. Où n'êtes-vous jamais allé(e)?

_____

_____

5. Avez-vous jamais rencontré une personne célèbre? Qui?

_____

_____

6. Avez-vous jamais fait un sport dangereux? Lequel?

_____

_____

7. Qu'est-ce que vous avez fait d'extraordinaire dans votre vie?

_____

_____

**F.** **Et vous?** Ecrivez-vous beaucoup de lettres? Il faut essayer! Composez une lettre adressée à un ami (une amie) où vous racontez ce que vous avez fait au cours d'un événement (une boum?) auquel votre correspondant(e) n'a pas pu assister. La lettre de Gisèle (dans l'exercice B) pourra vous servir de modèle.

_____

_____,

_____

_____

_____

_____

_____

_____

_____

_____

_____

_____,

_____

CHAPITRE **5**

# EXERCICES ORAUX

## A l'écoute de la vie

### AVANT D'ECOUTER

1.  Qu'est-ce que vous aimiez faire quand vous étiez petit(e)? Donnez deux activités.

    _____

    _____

2.  Et plus tard, quand vous étiez au lycée, qu'est-ce que vous aimiez faire quand vous sortiez avec vos copains et copines?

    _____

    _____

3.  Quel genre de livres est-ce que vous aimiez lire?

    _____

    _____

4.  Quel genre d'enfant étiez-vous?

    _____

    _____

### A L'ECOUTE

**A.** Ecoutez une première fois pour voir si vous avez des caractéristiques en commun avec Gwenaëlle, la jeune Française interviewée. Quelles sont ces caractéristiques?

_____

_____

**B.** Ecoutez deux ou trois autres fois et complétez.

1.  Quand elle était petite, Gwenaëlle jouait...

    | AVEC QUI? | OÙ? | A QUOI? | QUAND? |
    |-----------|-----|---------|--------|
    | _____ | _____ | _____ | _____ |
    | _____ | | _____ | _____ |

2.  Nommez deux activités que Gwenaëlle faisait avec ses copines quand elle était au lycée.

    _____

    _____

3.  Gwenaëlle et la lecture

    a.  Quel genre de livres Gwenaëlle aimait-elle quand elle était petite?

        _____

    b.  Et plus tard? Donnez deux auteurs que vous reconnaissez.

        _____

        _____

4.  L'enfant Gwenaëlle

    Donnez deux adjectifs qui décrivent Gwenaëlle quand elle était petite.

    _____          _____

C.  Ecoutez une dernière fois et indiquez si ces phrases sont vraies (V) ou fausses (F).

|  |  | V | F |
|---|---|---|---|
| 1. | Quand elle était jeune, Gwenaëlle écrivait des histoires d'aventures. | ☐ | ☐ |
| 2. | Quand Gwenaëlle sortait avec ses copines, elle allait les chercher chez elles. | ☐ | ☐ |
| 3. | Sa mère lui achetait un livre toutes les semaines. | ☐ | ☐ |
| 4. | Gwenaëlle n'a jamais été obligée de rester dans sa chambre comme forme de punition. | ☐ | ☐ |

# A vous la parole

## PHONETIQUE

### The Present and the Imperfect

The present tense endings of **-er, -ir,** and **-re** verbs are pronounced differently, but the imperfect endings of all groups of verbs are pronounced the same. The following chart with examples summarizes these pronunciations:

| | |
|---|---|
| je _____**ais** [ɛ] | je parl**ais** |
| tu _____**ais** [ɛ] | tu finiss**ais** |
| il/elle _____**ait** [ɛ] | elle répond**ait** |
| nous _____*ions* [jõ] | nous arriv*ions* |
| vous _____*iez* [je] | vous choisiss*iez* |
| ils/elles _____**aient** [ɛ] | ils descend**aient** |

Notice that the four endings in boldface (**je, tu, il/elle, ils/elles**) are pronounced the same. Notice too that the sound [j] distinguishes the imperfect from the present for the **nous** and **vous** forms of almost all verbs.

Compare: present = **nous parlons** [parlõ]; imperfect = **nous parlions** [parljõ].
Now turn on the tape.

**A. Du présent à l'imparfait.** Vous allez entendre des verbes au présent. Répétez le présent, puis donnez la forme correspondante de l'imparfait.

> MODELE: *Vous entendez:* je parle
> *Vous répondez:* je parle, je parlais

1. ...    2. ...    3. ...    4. ...    5. ...    6. ...    7. ...

**B. Présent ou imparfait?** Cette fois vous allez entendre des verbes au présent ou à l'imparfait. Si vous entendez un verbe au présent, donnez l'imparfait. Si le verbe est à l'imparfait, donnez le présent.

> MODELES: a. *Vous entendez:* il finit
> *Vous répondez:* il finissait
>
> b. *Vous entendez:* nous allions
> *Vous répondez:* nous allons

1. ...    2. ...    3. ...    4. ...    5. ...    6. ...    7. ...    8. ...

## PAROLES

**A. L'histoire sportive de la famille Morier.** Vous souvenez-vous de la famille Morier? Voici des «photos» extraites d'un de leurs albums de famille. A l'époque, Martin et Béatrice Morier avaient à peu près trente ans et leurs enfants étaient petits. Décrivez les activités sportives des membres de la famille à cette époque. (Ensuite, répétez la réponse modèle.)

Martin

> MODELE: *Vous entendez:* Martin
> *Vous répondez:* Autrefois, Martin faisait du vélo.

1. Béatrice

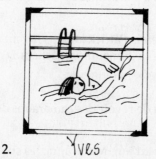

2. Yves

3. Anne

4. Françoise

5. Martin

**B. Tel père, tel fils? Pas du tout!** Jean-Marc Crécy et son fils Daniel font exception à la règle. Ecoutez les phrases au sujet du comportement de Daniel et répondez par des phrases au sujet de son père.

MODELE: *Vous entendez:* Daniel est un garçon mal élevé.
*Vous répondez:* Mais son père était bien élevé.

1. ... 2. ... 3. ... 4. ... 5. ...

**C. Le week-end.** Ecoutez les descriptions suivantes, puis dites ce que ces jeunes aiment faire le week-end. Réponses possibles: *aller au cinéma, prendre un pot ensemble, jouer à la roulette, faire des balades à vélo, regarder des vidéos, faire la fête.*

MODELE: *Vous entendez:* Chantal et Irène rencontrent des copains pour bavarder, danser et écouter de la musique.
*Vous répondez:* Chantal et Irène aiment faire la fête.

1. ... 2. ... 3. ... 4. ... 5. ...

**D. Maintenant à vous!** Quelle sorte d'enfant étiez-vous? Ecoutez les questions (répétées deux fois) et écrivez votre réponse.

1. _____
2. _____
3. _____
4. _____
5. _____

## STRUCTURES

**A. Plus ça change...** La vie de Patrick n'a pas beaucoup changé. Ecoutez une phrase sur son passé et répondez au présent selon le modèle.

MODELE: *Vous entendez:* Autrefois Patrick jouait souvent aux échecs.
*Vous répondez:* Et il joue toujours aux échecs.

1. ... 2. ... 3. ... 4. ... 5. ...

**B. L'âge fait la différence!** Vous venez de revoir des camarades de classe que vous n'aviez pas vus depuis dix ans. En quoi ont-ils changé?

MODELE: *Vous entendez:* Aujourd'hui, Marie aime les sports.
*Vous répondez:* Mais quand elle était jeune, Marie n'aimait pas les sports.

1. ... 2. ... 3. ... 4. ... 5. ...

**C. Autres temps, autres mœurs** (proverbe). Alain Morier va décrire certains aspects de sa vie quotidienne. Vous allez lui poser des questions au sujet de la vie de ses grands-parents. (Ensuite, répétez la question modèle.)

> MODELE: *Vous entendez:*   Je ne me lève jamais avant 7h30.
>                 *Vous demandez:*   Et tes grands-parents? Est-ce qu'ils ne se levaient jamais avant 7h30?

1. ...     2. ...     3. ...     4. ...     5. ...

**D. Copain, copine!** Choisissez un de vos copains (une de vos copines) d'école secondaire. Ecoutez les questions à propos de son présent et de son passé. Faites bien attention au temps du verbe de la question et utilisez-le dans votre réponse.

1. _____

2. _____

3. _____

4. _____

5. _____

# Dictée

Vous entendrez la dictée deux fois. La première fois, écoutez. (Notez que la dernière phrase n'est pas complète; ce sera à vous de la compléter.) La deuxième fois, écrivez. Ensuite, réécoutez le premier enregistrement pour corriger. A la fin, terminez la dernière phrase de façon personnelle.

_____

_____

_____

_____

_____

_____

_____

_____

_____

_____

# EXERCICES ECRITS

## PAROLES

**A. Un tour du monde sportif.** A côté de chaque nom, écrivez le sport que cette personne pratique (pratiquait).

> MODELE: Greg LeMond → Il fait du vélo.

1. Arnold Schwarzenegger _____

2. Michael Jordan _____

3. Martina Navratilova et Yannick Noah _____

4. Jean-Claude Killy _____

5. Pélé _____

6. Le prince Charles _____

**B. Les sœurs Duclerc.** Le texte suivant décrit les différences qui existaient entre deux jeunes sœurs, Antoinette et Claude Duclerc. Complétez le texte en utilisant un adjectif (à mettre au féminin) ou un verbe (à conjuger à l'imparfait) de la liste de droite.

Antoinette était une jeune fille bien élevée et polie alors que sa sœur Claude

était _____[1] et _____.[2] Les autres

membres de la famille appréciaient Antoinette parce qu'elle était

_____,[3] par contre, Claude n'obéissait jamais à

personne: elle était très _____.[4] De plus, Claude ne

montrait jamais d'affection tandis qu'Antoinette était toujours

_____.[5]

Souvent, les deux sœurs se disputaient et même parfois elles

_____.[6] Le plus souvent, quand les parents les

_____,[7] Antoinette pleurait et puis elle

_____.[8] Mais pas Claude. Et donc, les parents la

_____[9] fréquemment.

sage
se battre
mal élevé
obéissant
affectueux
demander pardon
punir
malpoli
désobéissant
méchant
gronder

Tout le monde était étonné des différences entre les deux jeunes sœurs.

Bref, Claude était aussi _____10 qu'Antoinette était

_____.11

**C. La fièvre du samedi soir!** Vous et vos camarades de classe organisez une boum pour samedi. Vous discutez des activités possibles et proposez celles qui vous intéressant le plus. Consultez la liste d'activités. Choisissez-en cinq et suggérez-les à vos camarades en utilisant la structure suivante: *regarder la télé* → Si nous regardions la télé?

| | |
|---|---|
| danser | jouer aux cartes |
| boire de la bière | jouer aux échecs |
| passer des compacts de jazz | écouter des cassettes de musique classique |
| écouter un match de foot à la radio | ? |
| regarder une vidéo | ? |

1. _____

2. _____

3. _____

4. _____

5. _____

**D. Et vous?** Complétez les phrases suivantes en décrivant la personne que vous étiez à dix ans. Utilisez le vocabulaire du chapitre.

1. En ce qui concerne mon comportement, j'étais un(e) enfant _____

_____

2. Je me disputais _____

_____

3. Mes parents me grondaient quand _____

_____

4. Ils me punissaient chaque fois que _____

_____

5. Je pleurais si _____

_____

6. Comparé(e) à la plupart de mes copains (copines), je _____

_____

## STRUCTURES

**A. Tel père, tel fils.** L'enfance du père d'Alain Morier n'était pas très différente de celle de son fils. Mettez le paragraphe suivant au passé en supposant que c'est le père qui parle. Mettez tous les verbes à l'imparfait. Barrez (*Cross out*) les verbes au présent.

(J'ai) _____*j'avais*_____¹ quatorze ans. Je suis _____² jeune mais j'essaie

_____³ d'être indépendant. Mes parents disent _____⁴ que

je suis _____⁵ mûr pour mon âge. Ils avouent _____⁶

même que je commence _____⁷ à être raisonnable. Cela me fait

_____⁸ peur!

    Mes copains et moi, nous adorons _____⁹ les sports. En hiver, nous faisons

_____¹⁰ du ski et en été, quand nous sommes _____¹¹ en

vacances, nous faisons _____¹² du bateau et parfois de la natation.

    L'école m'ennuie _____¹³ J'étudie _____¹⁴ le moins

possible. Mais je m'amuse _____¹⁵ beaucoup le week-end. Avec les copains, on

va _____¹⁶ au cinéma et, souvent, quelqu'un organise _____¹⁷

une boum. Ça, c'est _____¹⁸ toujours très chouette parce que nous écoutons

_____¹⁹ des disques et nous dansons _____²⁰ très tard.

**B. L'enfance du petit enfant nègre.** Imaginez que cet enfant est devenu adulte et qu'il raconte son histoire à ses propres enfants. Mettez les phrases à l'imparfait, affirmatif ou négatif selon le cas.

    MODELE: être très fatigué → J'étais très fatigué.

        aller à leur école
        suivre mon père dans les ravines fraîches
        dormir au pied des manguiers
        ne pas vouloir devenir pareil aux messieurs de la ville
        flâner le long des sucreries
        apprendre dans les livres
        danser le soir au clair de lune
        marcher sur la chair de mes pieds

_____

_____

_____

_____

_____

_____

_____

**C. Une histoire de chats.** Complétez le paragraphe ci-dessous en utilisant les expressions suivantes conjuguées à l'imparfait: *être en train de, aller (+ infinitif), venir de.*

Il était minuit et je _____¹ rentrer d'une soirée très agréable.

J'_____² me coucher quand j'ai entendu un bruit suspect dans ma

chambre. J'ai eu peur et j'_____³ téléphoner à la police. Mais tout à coup j'ai aperçu mes deux chats: ils _____⁴ jouer avec leur balle.

J'_____⁵ leur prendre la balle mais ils l'ont laissée pour venir m'accueillir

avec un regard interrogateur: quand est-ce que j'_____⁶ leur servir du lait?

**D. Je me souviens!** Pensez à votre enfance et souvenez-vous des moments de plaisir et d'ennui. Avec le verbe indiqué, composez des phrases à l'imparfait qui font appel à vos souvenirs d'enfance. Parlez des autres membres de votre famille et de vos copains.

MODELE: (aimer) → Ma sœur aimait les vacances parce qu'elle n'aimait pas du tout les devoirs.

1. (adorer) _____
_____

2. (penser) _____
_____

3. (être) _____

4. (préférer) _____
_____

5. (vouloir) _____
_____

6. (savoir) _____
_____

7. (détester) _____
_____

8. (avoir) _____

9. (pouvoir) _____
_____

10. (espérer) _____
_____

**E. Je me souviens! (suite)** Maintenant, parlez de vous-même. Composez des phrases à l'imparfait avec les éléments donnés.

MODELES: (sage) → J'étais sage quand je voulais regarder la télé très tard le soir.

(se disputer) → Je me disputais souvent avec mes parents mais jamais avec mes grands-parents.

1. (désobéissant(e)) _____
_____

2. (affectueux(se)) _____
   _____

3. (mériter une fessée) _____
   _____

4. (demander pardon) _____
   _____

5. (?) _____
   _____

CHAPITRE **6**

# EXERCICES ORAUX

## A l'écoute de la vie

### AVANT D'ECOUTER

Dans la séquence sonore que vous allez écouter, il s'agit d'une dame qui se rappelle son premier emploi, quand elle était étudiante. C'était pendant l'été, et elle vendait quelque chose. Cochez les renseignements que vous anticipez.

a. la date de ce travail _____

b. la durée totale du travail _____

c. les heures de travail _____

d. la nature des produits vendus _____

e. le nom du magasin ou de la compagnie _____

f. le prix des produits _____

g. le salaire (de l'heure) _____

h. la somme totale gagnée _____

i. la relation avec les autres employés _____

j. la relation avec le patron/la patronne _____

### A L'ECOUTE

**A.** Ecoutez la séquence deux ou trois fois et reprenez les renseignements catégorisés ci-dessus, en soulignant ceux qui sont réellement mentionnés. Rappelez-vous que vous n'avez pas besoin de tout comprendre pour accomplir cette tâche.

**B.** Ecoutez une autre fois et mettez les éléments suivants dans l'ordre dans lequel ils sont mentionnés.

1. _____

2. _____

3. _____

4. _____

5. _____

6. _____

7. _____

8. _____

9. _____

10. _____

a. Frigécrème
b. un pourcentage sur les ventes
c. grand supermarché de type américain
d. les nocturnes
e. pas payée en fixe
f. eskimo enrobé de chocolat
g. 11h du matin
h. le S.M.I.C. (salaire minimum)
i. en Bretagne
j. petits pots

**C.** Ecoutez une ou deux autres fois et indiquez si les phrases suivantes sont vraies (V) ou fausses (F). Si la phrase est fausse, barrez la faute et corrigez-la.

|  |  | V | F | CORRECTION |
|---|---|---|---|---|
| | MODELE: Le premier job de la dame était en ~~1970~~. | ☐ | ☑ | 1968 |
| 1. | Elle gagnait le salaire minimum + un pourcentage. | ☐ | ☐ | _____ |
| 2. | Son pourcentage était de 7%. | ☐ | ☐ | _____ |
| 3. | Les prix étaient de 60 centimes, 1 franc et 1 franc 50. | ☐ | ☐ | _____ |
| 4. | C'était donc plus avantageux de vendre des petits pots (avec du rhum et des petits raisins) et des eskimos (avec du chocolat). | ☐ | ☐ | _____ |
| 5. | Les ventes étaient difficiles les jours de pluie. | ☐ | ☐ | _____ |
| 6. | La dame a fait ce travail pendant huit semaines. | ☐ | ☐ | _____ |
| 7. | La première semaine, elle a eu l'idée de rester pour les nocturnes. | ☐ | ☐ | _____ |
| 8. | Les nocturnes étaient tous les jours jusqu'à 23h. | ☐ | ☐ | _____ |

# A vous la parole

## PHONETIQUE

### Falling Intonation

As you know, yes/no questions have a rising intonation. When questions solicit more information (**où?, comment?, qui?, quel... ?,** etc.) they have a falling intonation.

Compare the intonation of the following pairs of questions. First you will hear a yes/no question and then an information question. (Turn on the tape.)

♦ Est-ce que Pierre travaille au café?

Qui travaille au café?

♦ Nicole a gagné dix francs de l'heure?

Combien est-ce que Nicole a gagné?

♦ Le cuisinier était-il grec?

Quelle était la nationalité du cuisinier?

**A. Le job d'été de Jacques.** Vous allez entendre des questions à intonation montante. Modifiez les questions en demandant les renseignements en italique et en changeant l'intonation.

> MODELE: *Vous entendez:* Est-ce que Jacques a travaillé *au café*?
> *Vous demandez:* Où est-ce que Jacques a travaillé?

1. Est-ce que Jacques a commencé à travailler *en juin*?
2. Est-ce que Jacques travaille *six jours* par semaine?
3. Est-ce que Jacques sympathise avec *ses collègues*?
4. Est-ce que *les clients* sont parfois difficiles?
5. Est-ce que Jacques a déjà demandé *une augmentation de salaire*?
6. Est-ce que le patron a réagi *en mettant Jacques à la porte*?

**B. Vous êtes incrédule!** Michèle va vous parler de son travail d'été. Pour chaque détail qu'elle présente, posez-lui deux questions à intonation différente, selon le modèle.

> MODELE: (Quand est-ce que ≠ Est-ce que)
> *Vous entendez:* J'ai envoyé mon curriculum vitae en avril.
> *Vous répondez:* Quand est-ce que tu as envoyé ton curriculum vitae? Est-ce que tu as envoyé ton curriculum vitae en avril?

1. (Qu'est-ce que ≠ Est-ce que)
2. (Qui ≠ Est-ce que)
3. (Quelle sorte de ≠ Est-ce que)
4. (Quand est-ce que ≠ Est-ce que)

## PAROLES

**A. Masculin, féminin.** Les jeunes Françaises ont aussi besoin d'argent et donc, comme leurs copains, elles cherchent souvent un petit job. Donnez l'équivalent féminin des métiers suivants.

> MODELE: *Vous entendez:* Il est patron.
> *Vous répondez:* Elle aussi, elle est patronne.

1. ...   2. ...   3. ...   4. ...   5. ...   6. ...   7. ...   8. ...

**B. Les jobs d'été.** C'est la rentrée scolaire et vos camarades parlent de leurs jobs d'été. Posez-leur une question selon le modèle. Jobs: *un pompiste, un chauffeur, une caissière, une serveuse, un cuisinier, une vendeuse, un ouvrier.*

> MODELE: *Vous entendez:* J'ai travaillé dans un café.
> *Vous répondez:* Est-ce que tu as travaillé comme serveuse?

1. ...   2. ...   3. ...   4. ...   5. ...   6. ...

**C. Qu'est-ce que c'est?** Regardez les dessins et répondez aux questions suivantes en donnant une définition du travail que font ces personnes. (Vous entendrez ensuite une des réponses possibles.)

> MODELE: *Vous entendez:* Qu'est-ce que c'est qu'un chauffeur?
> *Vous répondez:* C'est une personne qui conduit un véhicule.

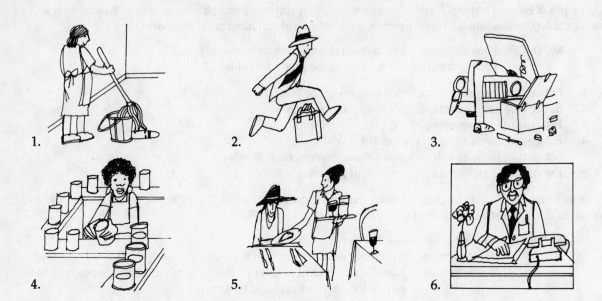

1.                          2.                          3.

4.                          5.                          6.

**D. Le vocabulaire du travail.** Ecoutez les définitions et dites de qui ou de quoi on parle.

      MODELE:   *Vous entendez:*  C'est le chef.
                           *Vous répondez:*  C'est le patron.

1. ...     2. ...     3. ...     4. ...     5. ...

## STRUCTURES

**A. A la préfecture de police.** A cause du bruit, vous n'entendez pas les questions posées par les employés, mais vous entendez certaines réponses. Pouvez-vous formuler les questions correspondantes? Utilisez une forme de **quel** dans les questions.

      MODELE:   *Vous entendez:*  Mary Smith.
                           *Vous répondez:*  Quel est votre nom?

1. ...     2. ...     3. ...     4. ...     5. ...     6. ...

**B. Encore une fois!** Ecoutez ce jeune homme qui parle de son job, puis posez-lui des questions avec **qu'est-ce qui est** ou une forme de **quel** + **est/sont** pour vérifier ce que vous avez entendu.

      MODELES:  a.  *Vous entendez:*  Je travaille de 9h à 18h cinq jours par semaine.
                      *Vous répondez:*  Quelles sont vos heures de travail?

                 b.  *Vous entendez:*  Le magasin est très moderne.
                      *Vous répondez:*  Qu'est-ce qui est très moderne?

1. ...     2. ...     3. ...     4. ...

**C. C'est la même question!** Ecoutez les questions suivantes, puis formulez une question équivalente avec **est-ce que**. Vous entendrez ensuite la réponse.

      MODELE:   *Vous entendez:*  Qui as-tu vu?
                           *Vous répondez:*  Qui est-ce que tu as vu?
                           *Vous entendez:*  J'ai vu Stéphanie.

1. ...     2. ...     3. ...     4. ...     5. ...

**D. Jacques Roberge vous parle.** Ecoutez Jacques Roberge. Il va vous parler de son travail et de ses espoirs. Ensuite, vous allez lui poser quatre questions pour vérifier l'information qu'il a donnée ou bien pour demander d'autres précisions. Ecrivez vos questions.

1. _____
   _____

2. _____
   _____

3. _____
   _____

4. _____
   _____

# Dictée

Le texte que vous allez entendre représente un côté d'une conversation téléphonique. Ce sera à vous d'imaginer les réponses et de compléter cette conversation. La première fois, écoutez. La deuxième fois, écrivez en sautant une ligne après chaque question. Puis réécoutez le premier enregistrement pour corriger. Finalement, complétez le dialogue de façon logique.

ALLO?

→_____

_____

→_____

_____

→_____

_____

→_____

_____

_____

→_____

Nom _____ Date _____ Cours _____

# EXERCICES ECRITS

PAROLES

**A. Chassé-croisé de jobs.** Attribuez un lieu de travail à chacune des personnes suivantes.

1. ____ une femme de ménage
2. ____ un pompiste
3. ____ une représentante
4. ____ une ouvrière
5. ____ un caissier
6. ____ un secrétaire
7. ____ une vendeuse
8. ____ une serveuse

a. dans un supermarché
b. dans un restaurant
c. dans une station-service
d. chez quelqu'un d'autre
e. dans des villes voisines
f. dans un atelier
g. dans un bureau
h. dans une boutique

**B. La triste histoire d'un job d'été.** Louise Latour a cherché un poste comme employée de bureau l'été dernier. Décrivez comment elle a trouvé le job et ce qu'elle a fait une fois embauchée. D'abord, faites des phrases au passé composé; ensuite renumérotez-les logiquement.

MODELE: (voir l'annonce d'un poste à pourvoir) → Louise a vu l'annonce d'un poste à pourvoir.

____ (expliquer ses aptitudes au patron)

_____

____ (être surmenée tous les jours de la semaine)

_____

____ (faire une demande d'emploi)

_____

____ (enfin passer sa première journée au bureau)

_____

____ (ne pas avoir de congés)

_____

____ (être très contente d'être embauchée)

_____

____ (se fâcher et donner sa démission)

_____

____ (demander les détails du salaire au patron)

_____

____ (demander très gentiment une augmentation de salaire)

_____

_____ (envoyer tout de suite son curriculum vitae)

C. **Que font ces jeunes?** Regardez les dessins et puis écrivez deux phrases sur chaque personne.

MODELE:

Serge travaille comme serveur.
Il travaille dans un café.

1.

_____

_____

_____

2.

_____

_____

_____

3.

_____

_____

_____

4.

Annick

_____
_____
_____

**D. L'entrée dans le monde du travail.** Quand on se prépare à entrer dans le monde du travail, il y a certaines tâches à accomplir. Une première tâche, c'est de préparer un curriculum vitae à présenter aux employeurs. Imaginez que vous cherchez un travail d'été en France. (A vous de préciser la nature de ce travail.) Préparez un C.V. où vous vous présentez et où vous décrivez vos aptitudes.

Nom _____

Prénoms _____

Date de naissance _____

Nationalité _____

Diplômes _____

_____

_____

Aptitudes _____

_____

_____

_____

Expérience professionnelle _____

_____

_____

_____

## STRUCTURES

**A. *La grande vie*, vous connaissez?** Modifiez les questions suivantes en utilisant la forme courte, si elle est possible.

   MODELE:  Qui est-ce qui est venu hier? → Qui est venu hier?

1. Qu'est-ce que c'est que la grande vie?

   _____

2. De quoi est-ce que Pouce et Poussy ont besoin?

   _____

3. A qui est-ce que Pouce et Poussy pensent souvent?

   _____

4. Qu'est-ce que maman Janine a dit?

   _____

5. Qui est-ce que «les deux terribles» ont rencontré à l'atelier de confection?

   _____

   _____

**B.** *Qu'est-ce que c'est* ou *quel est*? Posez les questions auxquelles les phrases suivantes répondent.

1. C'est un document qui présente les aptitudes et les expériences d'une personne.

   _____

2. Pour le poste en question, c'est 1 200F par mois.

   _____

3. De 9 heures à 18 heures tous les jours sauf le dimanche.

   _____

4. C'est un jour où l'on ne travaille pas.

   _____

5. C'est une personne qui cherche un poste.

   _____

**C. Encore des questions.** Formulez des questions par inversion auxquelles les parties soulignées des phrases répondent.

1. Marie Duclerc a répondu à <u>une petite annonce</u>.

   _____

2. Elle a fait <u>une demande d'emploi</u>.

   _____

3. Mercredi, Marie s'est présentée <u>au bureau du personnel</u>.

   _____

4. La postulante a parlé à <u>Madame Lafayette, la directrice du personnel</u>.

   _____

5. Madame Lafayette avait besoin d'<u>autres renseignements</u>.

   _____

6. Marie les a fournis, et devinez qui Madame Lafayette a enfin décidé d'embaucher? <u>Jules</u>!

   _____

**D. Sois plus précise!** Votre copine Nicole vous raconte comment elle a trouvé un job à la bibliothèque de l'université. Vous vous intéressez au même type de job. Après chacun de ses commentaires, écrivez une question pour demander des précisions. Utilisez une forme de **quel** ou **lequel**.

MODELE: —J'ai vu l'annonce sur un panneau d'affichage. →
        —*Sur quel panneau (Sur lequel) as-tu vu l'annonce?*
        —Sur le panneau devant la cafétéria.

1.  —Trois bibliothécaires cherchaient des assistants.

    — _____

    —Mme Jones, M. Maldelair et Mlle Smith.

2.  —Alors je me suis présentée. D'abord Mlle Smith voulait parler avec certains de mes professeurs.

    — _____

    —Avec mon professeur de français et de chimie, surtout. Je crois qu'elle les connaît.

3.  —Tous les trois m'ont posé des questions que j'ai trouvées un peu étranges.

    — _____

    —La question de M. Maldelair était la plus surprenante. Il voulait savoir si j'aimais les voyages en avion.

4.  —J'ai eu un deuxième entretien avec une des dames.

    — _____

    —Avec Mme Jones

5.  —J'ai été ravie quand on m'a engagée pour un des trois postes.

    — _____

    —Celui d'assistante de M. Maldelair.

E.  **Votre entretien à la bibliothèque.** Ayant reçu des précisions de Nicole, vous avez fait une demande pour un des postes à la bibliothèque. Dans quelques minutes, un des bibliothécaires va vous recevoir. Ecrivez des questions sur les points suivants à poser pendant l'entretien.

1.  les heures de travail: _____

    _____

2.  le nom de votre patron(ne): _____

    _____

3.  vos responsabilités: _____

    _____

4.  le salaire: _____

    _____

5.  la possibilité de faire des heures supplémentaires: _____

    _____

Préparez deux autres questions à poser:

_____

_____

_____

# POUR LE PLAISIR DE LIRE

## Xavier Stelly

### Xavier Stelly: Jeune Français

Xavier Stelly is a French teenager who had the opportunity, a few years ago, to spend a year in California with his family. He describes life in the United States from a foreigner's perspective. Before you read the interview, list a half dozen questions you might want to ask if you met a French student who had lived and studied in your country. How might French life differ from American life? Jot down your questions before you read. See if your expectations are confirmed by Xavier's experience.

♦

*Nous voudrions bien te connaître, Xavier. Pourrais-tu te décrire?*

J'ai quatorze ans et je vis avec mes parents. J'ai deux frères: Luc, le grand, et Guillaume, le petit. J'habite à Palaiseau, dans la banlieue parisienne. Mon père est ingénieur en métallurgie au CEA (Centre d'Energie Atomique), et ma mère est biochimiste à la Faculté d'Orsay, c'est la Faculté des Sciences.

*Xavier, tu as eu l'occasion de passer une année dans une école élémentaire aux Etats-Unis. Comment as-tu trouvé l'école aux Etats-Unis?*

Ce n'était pas du tout le même système. Les Etats-Unis, c'est plus moderne. Ça se sent dans la façon de vivre. Par exemple on commençait à huit heures et demie aux Etats-Unis et on finissait à trois heures moins dix. Par contre en France on commence à huit heures et demie et on finit à quatre heures et demie; mais on a quand même des récréations un peu plus longues, surtout à midi, quand on mange doucement. On mange à l'école, on a une cantine ou les élèves peuvent rentrer chez eux s'ils habitent assez près. Mais aux Etats-Unis, on payait. Au début de la semaine on achetait des tickets. A chaque repas on donnait un ticket, sinon on payait une certaine somme.

Je me rappelle qu'aux Etats-Unis il y avait le professeur, plus une aide tandis° qu'en France on a le professeur, c'est tout. Dans la salle de classe, il y avait les tables pour travailler. On travaillait par petits groupes, et après, on avait des coins où on pouvait jouer. Tandis qu'en France, les tables sont en rang° et toujours on travaille assis. On ne bouge pas du tout, tandis que là-bas on circulait souvent. Ce n'est pas du tout la même ambiance.

*Lequel des deux systèmes préfères-tu?*

Bof! Je trouve que des deux, bon ben... le système américain est plus pratique. Nous, on a des cartables. D'ailleurs, les livres sont très lourds et on n'a rien pour les ranger à l'école. Aux Etats-Unis on avait des casiers° et des cadenas.° Là on pouvait les ranger. Ça peut peser jusqu'à dix kilos, un cartable! Alors, vraiment, c'est trop lourd!

Les devoirs, je n'en avais pas aux Etats-Unis. Par contre, je suivais des cours par correspondance. Alors là, c'était très dur. Chaque mois, on m'envoyait des cahiers et c'était impossible à faire. On avait des bouquins, des bouquins entiers à faire. On ne pouvait jamais tout faire; et c'était très strict. Ce n'était pas facile, mais ça m'a permis de continuer le rythme français. Et puis, comme on finissait tôt, je pouvais travailler à peu près une heure ou deux par soirée.

*(marginal glosses:)*

tandis° — while

en... — in rows

casiers° / cadenas° — endroit à l'école où on met ses livres / fermetures à clef

*Avant ton année en Californie, est-ce que tu avais étudié l'anglais?*

Avant de passer aux Etats-Unis, j'ai jamais appris l'anglais, pas un mot. «Yes» et «thank you», c'était tout. C'était dur au début parce qu'il fallait se mettre dans l'ambiance. On était arrivés fin septembre, on s'était installé et à Noël, moi, j'ai commencé à parler. Je me suis tout de suite mis à comprendre l'anglais. On comprend très facilement. Et après pour parler c'est pareil. Au bout d'un moment ça sort et à la fin de l'année, moi, je parlais couramment.

*C'était dur au commencement?*

Les Américains sont très accueillants° toujours. Moi, c'est ce que je vois des Américains. Pendant certains cours, il y avait une dame qui venait pour m'aider, qui parlait très bien le français et l'anglais. Avec elle on apprenait assez bien. | accessibles, sympathiques

*Parlons maintenant de l'amitié. Avec tes amis ici en France est-ce une relation différente qu'aux Etats-Unis?*

Aux Etats-Unis, on ne sortait pas ensemble avec les copains, on n'allait pas au cinéma. Je crois qu'ils ne sortent pas tellement le soir. Tandis qu'en France, on est très groupé; les copains, on fait une famille, un groupe. On va à la piscine, au cinéma ensemble, et c'est un groupe qui se soude° à mon âge. | se... ≠ diviser, se séparer

*Actuellement, est-ce que vous parlez anglais quelquefois à la maison?*

Non. Souvent quand on parle, on parle le «verlan». C'est une mode surtout pour les jeunes, pour les adolescents. Tout est à l'envers.° Par exemple, pour «le métro» on dit «le tromé». Et aussi on met des mots américains: par exemple, «Tu go avec moi?» | *mot ap.*

*Est-ce que ta vie de famille a changé après ce séjour aux Etats-Unis?*

Surtout les horaires pour manger le soir. Les Français mangent très très tard, vers huit heures trente, des fois. Alors maintenant nous, on mange plus tôt, entre six heures trente, sept heures, des fois sept heures et demie quand vraiment on est en retard. Je ne peux pas dire qu'ils aient vraiment changé leur routine, non.

*L'occasion de voyager dans un autre pays, de parler deux langues couramment, qu'est-ce que ça fait pour un jeune français?*

Ça a des avantages pour la scolarité déjà parce que ça me donne de la facilité en anglais et je peux travailler dans les autres matières. Puis, j'ai pu voir d'autres pays, c'est toujours pratique. Si un jour dans mon métier, j'ai besoin de voyager, on peut connaître des gens toujours, et puis même le plaisir de voyager. Quand on a voyagé une fois, on veut voyager autant qu'on peut; on voudrait chaque année changer de pays.

*Est-ce qu'il y a d'autres choses que tu veux dire aux étudiants américains au sujet de ton expérience?*

C'est vraiment bien, une expérience comme ça. S'ils ont la chance de voyager, il faut le faire!

## AVEZ-VOUS COMPRIS?

**A.** Complétez.

1. Au moment de l'interview, Xavier Stelly avait _____ ans.

2. Il habite _____ près de _____.

3. Son frère aîné s'appelle _____, et l'autre _____.

4. Son père travaille comme _____ et sa mère est _____.

5. D'après Xavier, aux Etats-Unis l'école commençait à _____ et finissait à

   _____ chaque jour.

6. En France l'école finit à _____.

7. En France il n'y a ni _____ ni _____ et les élèves portent des

   _____ qui sont très lourds.

8. Xavier trouve les Américains très _____.

9. Le _____ est une mode pour les jeunes un peu comme le «pig latin» aux

   Etats-Unis.

10. Il va souvent _____ ou _____ avec ses copains.

**B.** Décrivez Xavier et sa famille en quatre ou cinq phrases.

**C.** Décrivez les différences que Xavier a notées quant à la journée scolaire (les heures, le déjeuner, les adultes en classe, l'organisation de la salle de classe, la récréation, etc.) en France et aux Etats-Unis. Utilisez le passé composé et l'imparfait.

**D.** De quoi Xavier se plaint-il au sujet des cartables?

**E.** Expliquez le sens du mot «verlan».

**F.** Comment est-ce que Xavier a appris à parler couramment l'anglais?

# THEME III

CHAPITRE **7**

## EXERCICES ORAUX

## A l'écoute de la vie

### AVANT D'ECOUTER

**Etude de mots.** Etudiez les phrases suivantes, pour déduire le sens des mots soulignés. Indiquez ensuite les synonymes.

1. Une voiture est venue nous <u>accrocher</u>; la portière est tout <u>enfoncée</u>.
2. C'était une route de montagne; d'un côté il y avait <u>des champs</u>, de l'autre <u>le ravin</u>.
3. On a <u>rattrapé</u> les criminels; ils sont à <u>la gendarmerie</u>.
4. Je me demande si, pendant <u>le procès</u>, l'avocat va leur recommander de tout <u>nier</u>.

1. _____ accrocher
2. _____ enfoncer
3. _____ rattraper
4. _____ nier
5. _____ un champ
6. _____ un ravin
7. _____ la gendarmerie
8. _____ un procès

a. refuser d'admettre
b. trouver
c. rentrer dedans
d. écraser
e. un règlement en justice
f. un morceau de terre cultivée
g. le poste de police
h. un grand trou

### A L'ECOUTE

**A.** Ecoutez une première fois et indiquez si ces phrases sont vraies (V) ou fausses (F).

|  | V | F |
|---|---|---|
| 1. L'accident que le monsieur raconte est le seul accident qu'il ait eu. | ☐ | ☐ |
| 2. L'autre voiture allait très vite. | ☐ | ☐ |
| 3. Un des passagers de l'autre voiture est mort. | ☐ | ☐ |
| 4. Le conducteur de l'autre voiture a essayé de s'échapper. | ☐ | ☐ |
| 5. Il n'y avait pas de témoins (*witnesses*) à l'accident. | ☐ | ☐ |
| 6. Le procès a eu lieu un an plus tard. | ☐ | ☐ |
| 7. Le conducteur de l'autre voiture venait juste de passer son permis. | ☐ | ☐ |

**B.** Ecoutez une ou deux autres fois et reconstituez l'accident pour la police. Répondez aux questions comme si vous étiez le monsieur qui a eu l'accident.

1. D'où venait l'autre voiture?

   _____

2. Pouvez-vous décrire l'accident même?

   _____

   _____

3. Y a-t-il eu des blessés?

   _____

4. Dégâts matériels?

   _____

5. Qu'est-ce que le conducteur de l'autre véhicule a fait après vous avoir accroché?

   _____

6. Combien de passagers y avait-il dans l'autre véhicule?

   _____

7. Qu'est-ce qui vous fait croire que l'autre véhicule était volé?

   _____

8. Est-ce que vous avez des témoins?

   _____

**C.** Ecoutez encore si vous en avez besoin et résumez les problèmes du conducteur de l'autre voiture.

1. _____
2. _____
3. _____

# A vous la parole

## PHONETIQUE

### The Vowels [e] and [ɛ]

The two vowel sounds [e] as in **été** and [ɛ] as in **très** are pronounced in much the same way. To pronounce [ɛ] as in **très**, however, the jaw is opened more. To pronounce [e] as in **été**, the lips are extended as if you were smiling.

In Chapter 7, you have been working with the passé composé and the **imparfait**. Note that the [e] sound appears in the past participle of all **-er** verbs (**parlé**) and that the [ɛ] sound is used in many **imparfait** endings (**-ais, -ait, -aient**).

Now turn on the tape. Listen to the following pairs of words, and repeat them after the speaker.

| [e] | [ɛ] |
|-----|-----|
| les | lait |
| mes | mais |
| dîné | dînais |
| allé | allaient |

**A. Passé composé ou imparfait?** Vous allez entendre des verbes conjugués au passé composé (pc) ou à l'imparfait (imp). Encerclez le temps de chaque verbe.

1. pc     imp
2. pc     imp
3. pc     imp
4. pc     imp

5. pc     imp
6. pc     imp
7. pc     imp
8. pc     imp

**B. Vous autres automobilistes.** Vos amis parlent de leur manière de conduire. Ecoutez les phrases suivantes, puis transformez les verbes deux fois, d'abord au passé composé, puis à l'imparfait. Attention aux voyelles [e] et [ɛ].

> MODELE: *Vous entendez:* Je parle français.
> *Vous répondez:* J'ai parlé français. Je parlais français.

1. ...    2. ...    3. ...    4. ...    5. ...    6. ...

# PAROLES

**A. Auto-test I.** Vous allez entendre les mini-descriptions de certaines parties d'une voiture. Ecoutez bien, puis identifiez chaque partie. Possibilités: *le coffre, le frein, la portière, le clignotant, le volant, le rétroviseur, l'embrayage, la ceinture de sécurité.*

> MODELE: *Vous entendez:* On s'en sert pour changer de vitesse.
> *Vous répondez:* C'est l'embrayage.

1. ...    2. ...    3. ...    4. ...    5. ...    6. ...    7. ...

**B. Que faire?** Qu'allez-vous faire dans les situations suivantes? Répondez selon le modèle. Réponses possibles: *freiner, attraper une contravention, changer de file, ralentir, mettre le clignotant, faire le plein, accélérer.*

> MODELE: *Vous entendez:* Vous arrivez à un feu rouge.
> *Vous répondez:* Je vais freiner.

1. ...    2. ...    3. ...    4. ...    5. ...    6. ...

**C. Auto-test II.** Pour la suite de votre auto-test, répondez aux questions en regardant le dessin.

1. ...    2. ...    3. ...    4. ...    5. ...

**D. Votre véhicule.** Avez-vous votre propre voiture? Sinon, vous avez sans doute accès à celle de quelqu'un. Répondez par écrit aux questions que vous entendrez deux fois.

1. _____

2. _____

3. _____

4. _____

5. _____

## STRUCTURES

**A. Un accident.** Vous venez d'être témoin (*witness*) d'un accident: une voiture de sport est entrée en collision avec une camionnette. Un gendarme est en train de vous poser des questions. Répondez affirmativement à toutes les questions en utilisant le temps du verbe de la question (passé composé ou imparfait).

1. ...    2. ...    3. ...    4. ...    5. ...

**B. Juste avant!** Vous allez entendre deux fois des phrases qui décrivent les intentions d'Annette. Complétez-les avec **allait** et le verbe entre parenthèses, selon le modèle.

> MODELE:  (freiner) →
> *Vous entendez:*  Le feu est passé au vert.
> *Vous répondez:*  Annette allait freiner quand le feu est passé au vert.

1. (changer de vitesse)          4. (faire demi-tour)
2. (accélérer)                   5. (accélérer)
3. (mettre le clignotant)

**C. Juste après!** Continuez à parler de l'aventure d'Annette. Ecoutez deux fois les phrases suivantes et complétez-les selon le modèle.

> MODELE:  (mettre le clignotant) →
> *Vous entendez:*  Elle a tourné à gauche.
> *Vous répondez:*  Annette venait de mettre le clignotant quand elle a tourné à gauche.

1. (ralentir)                    3. (accélérer)
2. (passer en seconde)           4. (se garer)

**D. Votre première voiture.** Nous avons tous des souvenirs de notre première voiture. Une de vos copines, amatrice d'autos, vous pose des questions sur votre première voiture (ou celle de votre famille). Répondez à ses questions par écrit.

1. _____
_____

2. _____

3. _____

4. _____
_____

5. _____
_____

# Dictée

Vous entendrez la dictée deux fois. La première fois, écoutez. La deuxième fois, écrivez. Ensuite, réécoutez le premier enregistrement pour corriger. A la fin, terminez le texte de façon personnelle.

———————————————————————————————————————————————

———————————————————————————————————————————————

———————————————————————————————————————————————

———————————————————————————————————————————————

———————————————————————————————————————————————

———————————————————————————————————————————————

———————————————————————————————————————————————

———————————————————————————————————————————————

# EXERCICES ECRITS

## PAROLES

**A. Un accident de la route.** A l'aide de cette «photo» d'un accident, remplissez le constat d'accident.

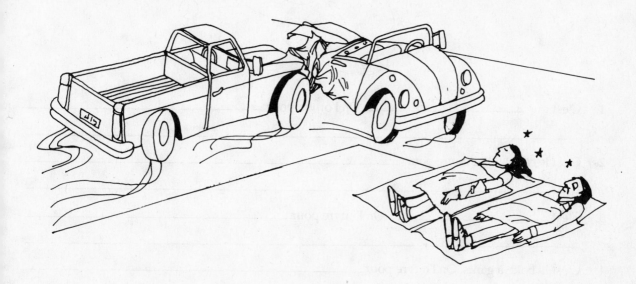

REPUBLIQUE FRANÇAISE

CONSTAT D'ACCIDENT

Lieu: *Autoroute A8, à 2 km à l'ouest de la sortie BRIGNOLES*

Nombre et type de véhicules: _____

_____

Explication détaillée: _____

_____

_____

Dégâts: _____

_____

Blessés: _____

**B. Sésame ouvre-toi!** Regardez le dessin et terminez les phrases de façon logique.

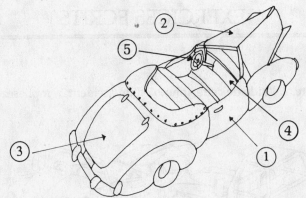

1. C'est une _____. On l'ouvre pour _____
   _____

2. C'est le capot. On l'ouvre pour _____
   _____

3. C'est _____. On l'ouvre pour _____
   _____

4. C'est la boîte à gants. On l'ouvre pour _____
   _____

5. C'est _____. On ne l'ouvre pas! On le tient pour _____
   _____

C. **Auto-test III.** Utilisez un élément de chaque colonne pour construire six phrases logiques.

| | | |
|---|---|---|
| le frein | être utilisé pour | devant le chauffeur |
| le clignotant | servir à | une intention de tourner |
| le rétroviseur | pouvoir transporter | arrêter le véhicule |
| le volant | ne pas avoir | voir derrière le véhicule |
| un minibus | indiquer | de siège arrière |
| une camionnette | se trouver | une dizaine de personnes |

1. _____
   _____

2. _____
   _____

3. _____
   _____

4. _____
   _____

5. _____
   _____

6. _____

_____

**D. Des questions épineuses!** Imaginez que vous allez acheter d'occasion la voiture d'un particulier. Préparez une liste de questions à lui poser. Puisque vous voulez surtout connaître «l'histoire» de la voiture, formulez vos questions au passé composé et à l'imparfait.

1. _____

_____

2. _____

_____

3. _____

_____

4. _____

_____

5. _____

_____

6. _____

_____

## STRUCTURES

**A. Un voyage à Québec.** Deux de vos camarades de classe, Robert et Daniel, viennent de passer un week-end à Québec. Daniel est en train d'écrire une lettre à ses parents dans laquelle il décrit son voyage. Aidez-le à compléter sa lettre en mettant les verbes à la place et à la forme correctes. Utilisez le passé composé ou l'imparfait. (Vous pouvez utiliser le même verbe plusieurs fois.)

Chère maman, cher papa,

Nous _____1 vendredi matin vers 8h30.

Le ciel _____2 couvert, mais il ne

_____3 pas encore. Pourtant, à 10h30, il

_____4 à pleuvoir à verse et Robert, au volant,

_____5 de la peine à voir. En arrivant au Canada,

nous _____6 de prendre une petite route à deux

voies plutôt que l'autoroute. Elle _____7 très

pittoresque, mais Robert _____8 faire très

attention à cause des virages. Nous _____9 depuis

trois heures quand je _____10 de prendre le

volant, mais Robert ne _____11 lâcher son

précieux volant.

avoir
vouloir
conduire
proposer
être
pleuvoir
choisir
partir
commencer
devoir

Vers midi et demi, nous _____12 pour

déjeuner dans un petit restaurant. Il _____13

encore mais, de notre table, nous _____14

contempler un très joli panorama. Après le déjeuner, nous

_____15 le plein et _____.16

faire
repartir
pouvoir
s'arrêter
pleuvoir

Une heure plus tard, je _____17 que Robert

_____18 très fatigué parce que cela

_____19 plus de cinq heures qu'il

_____.20 Encore une fois, je lui

_____21 de prendre le volant et encore une fois, il

ne _____22 pas. Je _____23

renoncer à mon idée.

proposer
vouloir
être
devoir
conduire
penser
faire

Enfin, nous _____24 à Québec. Malheureuse-

ment, c'_____25 à une heure de pointe et il y

_____26 un embouteillage monstre en entrant

dans la vieille ville. Pourtant nous _____27

beaucoup de chance parce que nous _____28

trouver notre hôtel sans difficulté.

avoir
arriver
pouvoir
être

Les détails de notre visite suivront.

Votre fils qui vous embrasse,

*Daniel*

**B. Monique se défend!** Complétez le texte suivant avec **devoir, pouvoir, savoir** ou **vouloir**, au passé composé ou à l'imparfait, selon le cas.

Monique _____1 acheter une voiture depuis six mois et enfin elle

_____2 en trouver une qui lui plaisait et qu'elle _____3

payer. Elle _____4 prendre possession de sa Peugeot 305 vendredi après-midi,

mais elle _____5 attendre le lundi suivant à cause d'une pièce qui manquait.

Son copain Quentin ne _____6 rien de l'achat de Monique, mais quand il

l'_____,7 il _____8 tout de suite prendre le volant pour

essayer la voiture. Monique _____9 lui laisser le volant car elle

_____10 que Quentin devenait fou au volant. Alors, le jeune homme

_____11 se contenter de monter par la portière de droite.

**C. Séjour en Italie.** L'été passé, Pierre a visité l'Italie en voiture. Complétez le texte suivant avec **depuis**, **pendant** ou **il y a**.

Pierre avait obtenu son permis _____[1] six ans et _____[2] ce temps, il conduisait la

voiture de ses parents. _____[3] quatre ans, il a fait des économies et enfin au mois de mai, il

a pu s'acheter une voiture d'occasion.

_____[4] sa jeunesse, Pierre avait envie de découvrir l'Italie et donc, en juin, il est parti en

voiture et a voyagé en Italie _____[5] un mois. En effet, il s'amusait _____[6] quatre

semaines quand tout à coup il a eu un accident grave et a dû être hospitalisé _____[7] dix

jours.

Son père est venu le chercher, et les deux sont de retour en France _____[8] huit jours.

Est-il inutile de dire que Pierre n'a pas repris le volant _____[9] son accident?

**D. Un dimanche perdu.** Complétez le texte avec les verbes donnés en les conjugant au passé composé ou à l'imparfait selon le cas.

Il _____[1] beau quand nous

_____.[2] Nous

_____[3] l'intention de passer toute la

| | |
|---|---|
| avoir | |
| vouloir | |
| partir | |
| arriver | |
| faire | |

journée au soleil. Vers midi, nous _____[4]

au lac de Sainte-Croix où nous _____[5]

déjeuner, les pieds dans l'eau.

Nous _____[6] la voiture, et après

l'avoir déchargée, nous _____[7] sur le

sable. Tout à coup, le ciel _____[8] et il

_____[9] à pleuvoir à verse. Nous

_____[10] vers la voiture où nous

_____[11] très tristement notre pique-nique.

| |
|---|
| courir |
| se couvrir |
| s'installer |
| garer |
| terminer |
| commencer |

**E. Un itinéraire habituel.** Il existe sûrement une route que vous empruntez très souvent pour aller d'un lieu (la maison?) à un autre. Puisque vous connaissez très bien cette route, vous pouvez la décrire en détail. Ecrivez un compte rendu de la dernière fois que vous avez suivi cet itinéraire.

1. Décrivez la route elle-même et la circulation qu'il y avait ce jour-là.
2. En vous servant de quelques-uns des verbes suivants, expliquez en détail ce que vous avez fait pour arriver à votre destination.

| | |
|---|---|
| freiner | doubler |
| faire demi-tour | mettre le clignotant |
| ralentir | tourner |
| accélérer | vous garer |

CHAPITRE 8

# EXERCICES ORAUX

## A l'écoute de la vie

### AVANT D'ECOUTER

**A.  Etude de mots.** Etudiez les mots suivants et leurs synonymes, puis complétez les phrases de façon convenable.

> rénover = remettre à neuf
> le revenu = l'argent qu'on gagne
> une subvention = aide financière du gouvernement
> les waters (*m.*) = les toilettes
> répertorier = classer par catégories
> diffuser = distribuer

1.  Ce bâtiment est en ruines; il a besoin d'être _____.

2.  Sans les _____ du gouvernement, le _____ des paysans serait insuffisant.

3.  _____ sont souvent séparés de la salle de bains en France.

4.  Les renseignements sont _____ dans un livre, puis _____ dans plusieurs pays.

**B.  Et vous?** Imaginez que vous êtes paysan et que vous voulez transformer un de vos bâtiments de ferme en logement pour touristes. Quels problèmes allez-vous devoir surmonter?

_____

_____

_____

### A L'ECOUTE

**A.**  Lisez la liste de sujets ci-dessous, puis écoutez le texte une ou deux fois. Cochez les idées générales présentes dans le texte, puis organisez-les par ordre de présentation.

OUI    NON    ORDRE

1.  ____  ____  ____    normes d'hygiène et de confort des gîtes ruraux

2.  ____  ____  _1_    definition des gîtes ruraux

|  | OUI | NON | ORDRE | |
|---|---|---|---|---|
| 3. | ____ | ____ | ____ | rôle du Ministère de l'Agriculture |
| 4. | ____ | ____ | ____ | rôle des offices de tourisme |
| 5. | ____ | ____ | ____ | régions où les gîtes ruraux sont les plus nombreux |
| 6. | ____ | ____ | ____ | clientèle des gîtes ruraux |
| 7. | ____ | ____ | ____ | prix de location des gîtes ruraux |

**B.** Ecoutez encore et indiquez si ces phrases sont vraies (V) ou fausses (F).

| | V | F |
|---|---|---|
| 1. L'opération «gîtes ruraux» a été lancée par le Ministère de l'Agriculture. | ☐ | ☐ |
| 2. Les avantages de cette opération sont strictement esthétiques. | ☐ | ☐ |
| 3. Pour avoir droit au label «gîte rural», il faut que le logement soit conforme aux normes du Ministère de l'Agriculture. | ☐ | ☐ |
| 4. Les touristes peuvent obtenir des descriptifs complets des gîtes ruraux dans les offices de tourisme. | ☐ | ☐ |
| 5. Les gîtes ruraux peuvent se louer pour un week-end seulement. | ☐ | ☐ |
| 6. Pour louer un gîte rural pour un mois, il faut compter environ 3 000F. | ☐ | ☐ |
| 7. La formule des gîtes ruraux intéresse particulièrement les touristes allemands. | ☐ | ☐ |

**C.** Ecoutez une dernière fois et résumez.

1. Les avantages du label officiel «gîte rural»

_____

_____

2. Les effets bénéfiques de l'opération gîtes ruraux pour les paysans

_____

_____

3. Le type de clientèle intéressée par les gîtes ruraux.

_____

_____

# A vous la parole

## PHONETIQUE

### Rhythm and Accent

Speakers of French pronounce all the syllables of an utterance at essentially the same speed and with the same amout of stress. Think of a metronome whose beats are steady in rhythm and even in accent.

By contrast, English speakers emphasize certain syllables of words. No matter how they are used, English words keep the same accent: *personal´ity ≠ epit´ome*, for example.

Since French verbs conjugated in the **plus-que-parfait** always contain several syllables, your study of this tense offers a good opportunity to practice rhythm and accent. Now turn on the tape and listen to the following contrasts between English and French.

| FRENCH | AMERICAN ENGLISH |
|---|---|
| responsabilité (res-pon-sa-bi-li-té) | responsibility (re-spon-si-bil-i-ty) |
| le Mississippi (Mi-si-si-pi) | the Mississippi (Mis-sis-sip-pi) |
| Votre réponse est bonne! | You have the right answer! |
| Il n'avait rien fait la veille. | He had done nothing the day before. |

**A. A la mer.** Voici une description des vacances au bord de la mer. Ecoutez les phrases, puis répétez-les en faisant attention au rythme et à l'accent.

1. Je m'étais baigné.
2. Avais-tu pris un bain de soleil?
3. Pierrot avait fait de la voile.
4. Elle n'avait pas eu le mal de mer.
5. Nous avions pris le bateau.
6. Aviez-vous fait du ski nautique?

**B. Vive les contraires!** Votre copine Marianne est méticuleuse. Avant de partir en vacances, elle avait tout arrangé. Vous, au contraire, vous êtes parti(e) sur un coup de tête (*impulsively*). Répondez aux questions suivantes—affirmativement pour Marianne et négativement pour vous—en faisant attention au rythme et à l'accent.

MODELES: a. *Vous entendez:* Avant de partir, est-ce que Marianne avait consulté des cartes touristiques?
*Vous répondez:* Bien sûr qu'elle avait consulté des cartes touristiques.

b. *Vous entendez:* Et vous?
*Vous répondez:* Moi non, je n'avais pas consulté de cartes touristiques.

1. ...    2. ...    3. ...

## PAROLES

**A. Scène de vacances.** En plus de leurs activités individuelles, les membres de la famille Chartier ont passé beaucoup de temps ensemble à la plage. Regardez les dessins et décrivez les activités de chaque personne. (Répétez la réponse modèle.)

MODELE: *Vous entendez:* Grand-père
*Vous répondez:* Grand-père ramasse des coquillages.

Grand-père et Madame Chartier

Monsieur Chartier

Pierre

1. ...   2. ...   3. ...   4. ...,   5. ...   6. ...

**B. Des vacances partout.** Ecoutez les descriptions, puis indiquez *où* chaque personne a passé ses vacances: *à la mer, à la campagne, à la montagne, à la maison.*

> MODELE: *Vous entendez:* Paul a fait de la planche à voile.
> *Vous répondez:* Paul a passé ses vacances à la mer.

1. ...   2. ...   3. ...   4. ...   5. ...   6. ...

**C. La vie nocturne.** Imaginez que vous êtes animateur/animatrice dans un club de vacances. Proposez des sorties nocturnes à vos clients selon leur goût.

> MODELE: *Vous entendez:* Nous voulons écouter de la musique classique.
> *Vous répondez:* Allez donc à un concert.

1. ...   2. ...   3. ...   4. ...   5. ...

**D. Les vacances de vos rêves.** Imaginez que vous partez aujourd'hui pour prendre vos vacances rêvées. Répondez par écrit aux questions que vous entendrez deux fois.

1. _____

2. _____

3. _____

4. _____
   _____

5. _____
   _____

## STRUCTURES

**A. Comment?** Votre copine n'écoutait pas très bien quand vous lui avez décrit vos vacances. Répondez à ses questions selon le modèle.

> MODELE: *Vous entendez:* Es-tu allé(e) à la mer?
> *Vous répondez:* Oui, j'ai dit que j'étais allé(e) à la mer.

1. ...   2. ...   3. ...   4. ...   5. ...

**B. La copine distraite (suite).** Maintenant, c'est Jacques qui pose des questions à votre copine (Exercice A) sur ses vacances, mais, parce qu'elle n'écoute toujours pas bien, vous devez répéter ses questions.

> MODELE: *Vous entendez Jacques:* A-t-il fait beau?
> *Vous entendez la copine:* Comment?
> *Vous répondez:* Il t'a demandé s'il avait fait beau.

1. ...    2. ...    3. ...    4. ...

**C. Paul avait déjà pensé à tout!** Hier vous êtes arrivé(e) à Nice pour une semaine de vacances avec votre copain breton, Paul. Répondez selon le modèle.

> MODELE:   *Vous entendez:*   Je lui ai demandé de réserver une chambre.
> *Vous répondez:*   Mais il avait déjà réservé une chambre.

1. ...    2. ...    3. ...    4. ...    5. ...

**D. Votre dernière visite à la plage.** Votre camarade Paul vous pose des questions sur votre plage préférée. Il veut aussi savoir ce que vous avez fait la dernière fois que vous y êtes allé(e). Répondez à ses questions par écrit en respectant le temps des verbes.

1. _____

2. _____

3. _____

4. _____

# Dictée

Vous entendrez la dictée deux fois. La première fois, écoutez. La deuxième fois, écrivez. Puis réécoutez le premier enregistrement pour corriger. Ensuite, répondez à la question.

_____

_____

_____

_____

_____

_____

_____

_____

_____

Question: A votre avis, pourquoi sont-ils partis?

_____

_____

# EXERCICES ECRITS

PAROLES

**A. Des vacances partout!** A côté de chaque lieu de vacances, proposez deux activités possibles.

MODELE: A la montagne → On peut faire de l'alpinisme ou du ski.

1. A la plage: _____

_____

2. Dans l'eau: _____

_____

3. A la campagne: _____

_____

4. En ville, le soir: _____

_____

5. A la maison: _____

_____

**B. Où se loger?** Choisissez un logement adapté à chacun des groupes de voyageurs.

a. l'hôtel            d. une villa
b. une tente         e. un gîte rural
c. des auberges de jeunesse

1. _____ une famille qui veut découvrir la vie à la ferme

2. _____ un groupe de jeunes qui font du camping

3. _____ un groupe d'étudiants au budget limité qui font le tour d'Europe

4. _____ un couple qui cherche une résidence de luxe au bord de la mer

5. _____ un représentant de passage à Nice

**C. Des vacances personnalisées.** Choisissez cinq personnes que vous connaissez bien et proposez-leur de partir en vacances. Utilisez un élément (indiqué ou inventé) de chaque colonne. Faites preuve d'imagination mais tenez compte de préférences des personnes.

MODELE: Pour mon frère, je propose une semaine à la plage en été. Il peut faire de la voile.

| PERSONNE | ENDROIT | MOMENT | ACTIVITE |
|----------|---------|--------|----------|
| ? | à la campagne | en été | ? |
| | à la mer | en automne | |
| | à la montagne | en hiver | |
| | | au printemps | |

1. _____

_____

2. _____

_____

3. _____

_____

4. _____

_____

5. _____

_____

**D. A Djerba la Douce.** Regardez la publicité à la page 93 de votre livre. Imaginez que vous venez de passer une journée pleine d'activités diverses. C'est le soir et vous avez envie d'écrire vos souvenirs dans votre journal intime.

*Ce matin, je me suis levé(e) de bonne heure.*

_____

_____

_____

_____

_____

_____

_____

## STRUCTURES

**A. Un séjour à Québec (suite).** Voici la seconde lettre que Daniel adresse à ses parents. Encore une fois, c'est à vous de l'aider à la compléter en mettant les verbes à la place et à la forme correctes. Utilisez le passé composé, l'imparfait ou le plus-que-parfait. (Vous pouvez utiliser le même verbe plusieurs fois.)

New York, le 11 juillet

Chère maman, cher papa,

Voici l'autre lettre sur notre week-end à Québec que je vous

_____.¹ Quand nous _____²

samedi matin, le ciel _____³ toujours couvert,

mais il ne _____⁴ plus. Cependant, quand nous

_____⁵ de l'hôtel, il y

_____⁶ des flaques d'eau (*puddles*) partout.

Evidemment, il _____⁷ tout la nuit.

sortir
promettre
pleuvoir
avoir
être
se réveiller

Nous _____⁸ un petit restaurant sympathique

où l'on _____⁹ toutes sortes de cafés. Robert

_____¹⁰ un cappuccino et moi,

j'_____¹¹ un excellent café au lait. En sortant du

restaurant, quelle surprise!—le soleil _____.¹²

briller
servir
trouver
commander
prendre

Nous _____¹³ de nous promener jusqu'à la     vouloir

Terrasse Dufferin où nous _____¹⁴ le funiculaire.     décider

Nous _____¹⁵ le prendre pour descendre à la ville     avoir

basse, mais il y _____¹⁶ trop de monde qui     changer

_____¹⁷ la queue, et donc nous     trouver

_____¹⁸ d'idée tout de suite.     faire

      Après une belle promenade sur la terrasse, nous

_____¹⁹ dans un petit café pour le déjeuner. Nous     faire

_____²⁰ de nous asseoir sur la terrasse car il     décider

_____²¹ relativement chaud. De la terrasse, nous     avoir

_____²² voir l'entrée du funiculaire où,     pouvoir

miraculeusement, il n'y _____²³ plus personne.     s'arrêter

      Nous _____²⁴ pour y aller et nous

_____²⁵ à la ville basse en moins d'une minute!     dater

Nous _____²⁶ l'après-midi à visiter des magasins     recommander

d'antiquités que les parents de Robert _____.²⁷     se dépêcher

Ces magasins _____²⁸ très vieux et nous     voir

_____²⁹ beaucoup de meubles qui     être

_____³⁰ des 17ᵉ et 18ᵉ siècles.     passer

                     descendre

      Samedi soir, nous _____³¹ très faim et     jouer

heureusement nous _____³² un excellent     falloir

restaurant qui _____³³ des spécialités québécoises.     servir

Tout _____³⁴ délicieux! Ensuite, nous     avoir

_____³⁵ dans une boîte de nuit où l'on     trouver

_____³⁶ du jazz. Nous ne     être

_____³⁷ pas _____³⁸     aller

longtemps parce qu'il y _____³⁹ trop de monde et     rester

parce qu'il _____⁴⁰ nous lever très tôt le

lendemain pour repartir.

      Quel bon week-end! Nous voulons y retourner l'an prochain!

                       Votre fils qui vous embrasse,

                       *Daniel*

**B. Qu'est-ce qu'Hélène t'a dit?** Une de vos copines vient de rentrer d'une semaine de vacances sur la Côte d'Azur. Elle vous a téléphoné tout de suite pour vous parler de son séjour. A votre tour, vous allez le décrire à des cousins qui habitent à Nice. Passez donc du discours direct au discours indirect.

MODELE: «J'aime beaucoup la région.» → Hélène a dit qu'elle aimait beaucoup la région.

1. «La mer était très belle et les plages étaient bondées (= pleines de gens).»

_____

_____

2. «J'ai fait de la planche à voile deux ou trois fois.»

_____

_____

3. «J'avais voulu ramasser des coquillages, mais il n'y en avait pas.»

_____

_____

4. «Toutes les spécialités culinaires viennent de la mer.»

_____

_____

5. «J'ai beaucoup aimé la bouillabaisse.»

_____

_____

6. «Il y avait des boîtes de nuit super et même des casinos.»

_____

_____

7. «J'ai drôlement regretté de partir.»

_____

_____

**C. Une maman curieuse!** Vous venez de rentrer d'une semaine de vacances à la montagne et votre mère vous pose beaucoup de questions. Passez du discours direct au discours indirect selon le modèle.

MODELE: «Où étais-tu logé(e)?» → Maman voulait savoir où j'étais logé(e).

1. «A-t-il beaucoup neigé?»

_____

2. «A quelle heure te levais-tu?»

_____

3. «Qui as-tu rencontré d'intéressant?»

_____

4. «Y avait-il toujours beaucoup de monde sur les pistes?»

_____

_____

5. «Qu'est-ce que tu as fait d'autre?»

_____

**D. Qu'avez-vous répondu?** Maintenant, notez vos réponses à votre maman.

MODELE: J'ai dit que j'étais logé(e) dans une petite chambre d'hôtel avec deux jeunes Lyonnais.

1. _____

_____

2. _____

_____

3. _____

_____

4. _____

_____

5. _____

_____

**E. La nuit en fête.** En général, les étudiants aiment sortir le soir, mais il n'ont jamais assez de temps pour tout faire. Et vous? Racontez une soirée mémorable que vous avez passée récemment. Dans votre description, précisez (1) les vêtements que vous aviez mis avant de partir, (2) où vous êtes allé(e), quand, avec qui, (3) comment était l'endroit où se passait la soirée, (4) ce que vous avez fait d'intéressant, (5) pourquoi vous en gardez de si bons souvenirs.

_____

_____

_____

_____

_____

_____

_____

_____

_____

CHAPITRE **9**

# EXERCICES ORAUX

## A l'écoute de la vie

### AVANT D'ECOUTER

**Partir ou ne pas partir, voilà la question...** Est-ce que vous avez jamais eu l'expérience d'un départ retardé, si bien que vous ne saviez plus quand vous alliez partir, ou même si vous alliez partir? Si oui, résumez brièvement cette expérience. Si non, imaginez plusieurs circonstances possibles pour un départ retardé.

_____

_____

_____

_____

_____

_____

### A L'ECOUTE

**A.**  Ecoutez une première fois et indiquez si les sujets suivants sont mentionnés dans la séquence sonore.

|  |  | OUI | NON |
|---|---|---|---|
| 1. | confort des trains français | ☐ | ☐ |
| 2. | heure d'arrivée à Roissy | ☐ | ☐ |
| 3. | formalités préliminaires à un départ en avion | ☐ | ☐ |
| 4. | cause du retard de l'avion | ☐ | ☐ |
| 5. | activités des voyageurs pendant l'attente | ☐ | ☐ |
| 6. | durée totale du retard | ☐ | ☐ |

**B.**  Ecoutez encore et reconstituez l'emploi du temps des voyageurs.

1.  6h05, mercredi matin _____

2.  entre 6h05 et 10h/10h30 _____

3.  avant 11h _____

4.  11h40 _____

5. 12h20 _____

6. 12h30 (approx.) _____

7. 12h30 à 19h _____

8. 19h _____

9. 23h _____

10. 7h, jeudi matin _____

11. 9h30 _____

C. Ecoutez et indiquez si ces phrases sont vraies (V) ou fausses (F).

|  |  | V | F |
|---|---|---|---|
| 1. | Pendant la longue attente dans le satellite de l'aérogare, les voyageurs avaient leurs bagages à main. | ☐ | ☐ |
| 2. | La cause du malfonctionnement mécanique a été découverte vers 11h du soir. | ☐ | ☐ |
| 3. | Les annonces de la compagnie aérienne étaient pleines de «sans doute». | ☐ | ☐ |
| 4. | Certains passagers ont trouvé des places sur d'autres vols. | ☐ | ☐ |
| 5. | La voyageuse qui parle n'a pas pu prévenir sa famille. | ☐ | ☐ |

# A vous la parole

PHONETIQUE

**The Vowels [u] and [y]**

To form the sound [u] as in **vous** and [y] as in **tu**, project your lips forward as if you were about to kiss someone. The sound [u] is basically pronounced like the English *oo* (for example, *do, to, clue*) but is a tenser vowel. For [y], the tip of the tongue is placed behind the lower front teeth, just as for the sound [i] (**si**). To produce the [y] sound, say [i], hold the tongue position, then round and project the lips forward (for example, **si/su, vie/vue, pile/pull**).

Turn on the tape and repeat the following pairs of words. Concentrate on the difference between the two sounds.

| | [u] | [y] |
|---|---|---|
| 1. | tout | tu |
| 2. | vous | vu |
| 3. | pour | pur |
| 4. | boule | bulle |

Now listen again. This time, you will hear only one word of each pair. Circle the one that you hear.

**A. L'histoire d'un livre.** Répétez les phrases suivantes en faisant attention à la différence entre [u] et [y].

1. Vous avez vu le livre.
2. Vous l'avez parcouru.
3. Vous l'avez voulu.
4. Vous l'avez acheté.
5. Vous avez tout lu.
6. Il ne vous a pas plu.
7. Et vous l'avez vendu.

**B. La valise perdue.** Votre camarade Michel a perdu sa valise et il fait une liste de ce qu'elle contenait. Montrez votre étonnement (mêlé de compassion) selon le modèle. Faites attention à la prononciation des voyelles [u] et [y].

> MODELE: *Vous entendez:* Il y avait mon nouveau short.
> *Vous répondez:* Ton nouveau short? Tu l'as perdu?

1. ...    2. ...    3. ...    4. ...    5. ...

## PAROLES

**A. Suivons Sylvie!** Regardez les scènes suivantes qui se passent dans une gare en France. A vous de répondre aux questions au sujet de la passagère, Sylvie. (Vous entendrez ensuite une des réponses possibles.) Mots utiles: *composter son billet, une place libre, le contrôleur, l'horaire, un billet.*

1.

2.

3.

4.

5.

**B. Un voyageur exigeant.** Votre vieil oncle n'aime pas du tout voyager et donc il est très exigeant quand il doit partir. En tenant compte de ses exigences, proposez-lui une des solutions suivantes. Commencez vos phrases par *Prenez donc...*

| | |
|---|---|
| l'avion | le T.G.V. |
| une réservation | un billet de première classe |
| un train direct | un billet aller-retour |
| une place dans un compartiment non-fumeurs | |

> MODELE: *Vous entendez:* J'aime les trains les plus rapides.
> *Vous répondez:* Prenez donc le T.G.V.

1. ...    2. ...    3. ...    4. ...    5. ...    6. ...

**C. Un premier voyage.** A la différence du vieil oncle, c'est la première fois que votre copain Pierre voyage en France par le train. Il faut donc lui expliquer comment se débrouiller à la gare et puis aussi dans le train. Répondez à ses questions selon le modèle. Réponses possibles: *à l'entrée du quai, à la consigne, une correspondance, au contrôleur, un compartiment non-fumeurs.*

> MODELE: *Vous entendez:* Où peut-on se renseigner?
> *Vous répondez:* On peut se renseigner au bureau de renseignements.

1. ...    2. ...    3. ...    4. ...    5. ...

**D. Savez-vous voyager en français?** Imaginez que vous êtes à Nice. L'annonce suivante vous concerne. Ecoutez-la une fois, puis écoutez les questions suivantes. Ensuite, réécoutez l'annonce et écrivez votre réponse à chaque question.

1. _____

2. _____

3. _____

4. _____

## STRUCTURES

**A. Un papa inquiet!** A l'exemple de celui du petit Nicolas, imaginez que votre père vous pose des questions avant votre départ en vacances. Répondez selon le modèle.

> MODELE: *Vous entendez:* Tu as ta trousse de toilette? (Oui)...
> *Vous répondez:* Oui, papa, je l'ai.

| | | |
|---|---|---|
| 1. (Oui)... | 3. (Non)... | 5. (Non)... |
| 2. (Oui)... | 4. (Oui)... | 6. (Oui)... |

**B. Un voyage en avion.** Une amie française, Madeleine, n'a pas beaucoup voyagé à l'étranger. Elle voudrait savoir comment se débrouiller dans un aéroport américain. Répondez à ses questions en utilisant un pronom objet direct ou indirect. (Répétez la réponse modèle.)

> MODELE: *Vous entendez:* Est-ce qu'on doit prendre le billet à l'avance?
> *Vous répondez:* Oui, on doit le prendre à l'avance.
> *Ou bien:* Non, on n'est pas obligé de le prendre à l'avance.

1. ...    2. ...    3. ...    4. ...    5. ...    6. ...

**C. N'avez-vous rien oublié?** Votre famille se prépare à partir en vacances. Votre frère et vous venez de charger (*load*) la voiture. Cependant votre père n'a pas très confiance en vous (comme d'habitude). Répondez à ses questions selon le modèle.

> MODELE: *Vous entendez:* Avez-vous pris tous les pantalons?
> *Vous répondez:* Oui, papa. Nous les avons tous pris.

1. ...    2. ...    3. ...    4. ...    5. ...

**D. La politesse, ça compte!** Faites un choix parmi les structures proposées pour vous renseigner sur des points importants: *Est-ce que vous avez... ; Je voudrais... ; Pourriez-vous me dire... .*

> MODELE: *Vous entendez:* un aller simple pour Tours
> *Vous répondez:* Je voudrais un aller simple pour Tours, s'il vous plaît.

1. ...    2. ...    3. ...

# Dictée

Vous entendrez la dictée deux fois. La première fois, écoutez. La deuxième fois, écrivez. Puis réécoutez le premier enregistrement pour corriger.

_____

_____

_____

_____

_____

_____

_____

_____

_____

_____

# EXERCICES ECRITS

## PAROLES

**A. Que faire... et où?** A gauche, il y a une liste de choses à faire à la gare ou à l'aéroport et à droite, une liste de lieux où il faudrait aller pour les faire. Assortissez (*Match*) les lieux aux choses à faire.

1. _____ déposer vos bagages

2. _____ vérifier l'heure du départ d'un train

3. _____ prendre votre billet de train

4. _____ prendre votre carte d'embarquement

5. _____ présenter vos bagages pour l'inspection

6. _____ montrer votre carte d'embarquement

7. _____ demander le meilleur itinéraire pour aller de Paris à Rome par le train

8. _____ composter votre billet de train

a. sur l'horaire
b. au guichet
c. à l'entrée du quai
d. à la consigne
e. à la porte d'embarquement
f. au bureau de renseignements
g. au comptoir de l'aéroport
h. à la douane

**B. Les rencontres d'un voyageur.** A la suite de la description, indiquez la profession de la personne dont il s'agit.

1. Cette personne vérifie que votre billet de train est valable: _____

2. Cet homme vous sert à manger et à boire dans un avion: _____

3. Cette dame travaille avec son collègue (nº 2) à mettre les passagers d'avion à leur aise: _____

   _____

4. Cette personne inspecte les bagages des voyageurs internationaux: _____

**C. Attention au décollage.** Imaginez que vous êtes moniteur/monitrice d'un groupe de jeunes Français qui vont faire un voyage aux Etats-Unis. A cause de l'enthousiasme général et de l'âge des passagers, vous dressez une liste de ce qu'il faut faire—et ne pas faire—au moment du décollage. Faites preuve d'imagination en donnant autant d'exemples que possible. Mettez-les en deux catégories.

Il faut

1. _____

2. _____

3. _____

4. _____

5. _____

Il ne faut pas

1. _____

2. _____

3. _____

4. _____

5. _____

**D. A la douane.** Voici un petit dialogue qui pourrait avoir lieu à la douane de l'aéroport Charles de Gaulle, près de Paris. A vous de le compléter. Montrez par vos réponses que vous savez vous débrouiller à la douane.

LE DOUANIER: Bonjour. Votre passeport, s'il vous plaît. D'où arrivez-vous?

VOUS: _____

LE DOUANIER: Combien de temps pensez-vous rester en France? Quelle est la raison de votre visite?

VOUS: _____

_____

LE DOUANIER: Qu'avez-vous à déclarer?

VOUS: _____

_____

LE DOUANIER: Merci, et bon séjour en France!

## STRUCTURES

**A. Un voyage pas comme les autres.** Vous venez de faire un voyage à l'étranger avec votre petit cousin Serge. A l'arrivée, vous trouvez une lettre de votre tante où elle vous pose des questions sur le voyage. Répondez-lui (affirmativement ou négativement, selon votre choix) en utilisant les pronoms objets convenables. Attention à l'accord du participe passé.

1. As-tu enregistré *les bagages de Serge?*

   _____

2. Serge a-t-il attaché *sa ceinture* avant le décollage?

   _____

3. Avez-vous regardé *le film?*

   _____

4. Serge a-t-il mangé tous *ses légumes?*

   _____

5. Serge a-t-il remercié *les hôtesses et les stewards* avant de descendre?

   _____

6. Avez-vous trouvé tous *vos bagages* à l'arrivée?

   _____

7. Serge a-t-il montré son passeport *à l'inspecteur de police?*

   _____

8. Le douanier a-t-il inspecté *la grosse valise de Serge?*

   _____

9. Veux-tu bien accompagner *Serge et sa sœur* en Afrique l'année prochaine?

   _____

   _____

**B. Le prochain voyage de Serge.** Dites-lui s'il faut ou s'il ne faut pas faire les actions suivantes. Utilisez l'impératif et des pronoms objets.

MODELE: apporter son ballon → Apporte-le. (Ne l'apporte pas.)

1. enregistrer ses valises: _____

2. montrer son billet au douanier: _____

3. montrer son passeport au steward: _____

4. attacher sa ceinture au décollage: _____

5. dire merci aux hôtesses: _____

6. chercher tous ses bagages à l'arrivée: _____

**C. Une copine qui se renseigne.** Votre copine Annette se prépare à partir pour la France. Puisque ce sera sa première visite et qu'elle pense faire plusieurs voyages en train, elle vous pose beaucoup de questions. Répondez-lui selon les modèles. Utilisez autant de pronoms que possible afin d'éviter des répétitions.

MODELES: a. Est-ce que je peux me renseigner dans une agence? →
Oui, c'est une bonne idée. (Oui, c'est obligatoire.) Renseigne-toi dans une agence.

b. Est-ce que je dois montrer mon passeport à l'employé pour acheter un billet? →
Non, tu n'es pas obligée de le lui montrer.

1. Est-ce que je dois consulter l'horaire pour vérifier l'heure de départ des trains?

_____

2. Est-ce que je peux réserver ma place à l'avance?

_____

3. Si j'arrive à la gare à l'avance, est-ce que je peux mettre mes bagages à la consigne?

_____

4. Est-ce que je dois composter mon billet à l'entrée du quai?

_____

5. Est-ce que je dois montrer mon billet au contrôleur?

_____

6. Est-ce que je peux apporter mon déjeuner dans le train?

_____

7. Est-ce que je dois montrer mon billet à l'inspecteur de police à la frontière?

_____

**D. Le départ du petit Nicolas (suite).** Vous souvenez-vous du petit Nicolas et de sa mère inquiète? Voici des questions que pose la mère. A vous d'y répondre pour Nicolas—de façon originale. Utilisez des pronoms objets quand cela est possible.

1. Tu es sûr que tu as tout remis dans ta valise?

Oui, maman, _____

2. Tu n'as pas oublié ton pull à manches longues?

_____

3. Et tes espadrilles?

_____

4. Et les billes de ton copain? Tu les lui as rendues?

_____

5. Alors, fais attention de ne pas les perdre! Oh tiens, tu n'as pas perdu l'adresse de tes grands-
parents?

_____

**E. Un voyage pas comme les autres.** Complétez cette lettre qui arrive de votre copine Stéphanie avec la
forme correcte de **tout**.

Lyon, le 7 janvier

Cher (Chère) _____,

Enfin je suis rentrée après un voyage _____¹ à fait mémorable. _____² se

passait calmement quand le train s'est arrêté à Avignon pour prendre des passagers. Un jeune papa a

ouvert la porte du compartiment pour demander _____³ gentiment s'il y avait de la place

pour lui et ses quatre enfants. J'ai dit que oui, et le père et _____⁴ les quatre enfants se sont

installés en face de moi. Ils avaient _____⁵ sortes de valises et de sacs.

Une fois partis, nous avons longuement parlé de _____⁶ leurs souvenirs de vacances.

Malgré _____,⁷ j'étais contente d'avoir de la compagnie, et en _____⁸ cas, le

voyage entre Avignon et Lyon, qui d'habitude semble très long, s'est vite passé.

A bientôt de tes nouvelles,

Stéphanie

**F. Le train ou l'avion?** Votre copain Peter qui habite à Amsterdam n'a pas de voiture. Il veut venir vous
rendre visite à Paris. Lui avez-vous conseillé le train ou l'avion? Pourquoi? Rapportez votre conversation
en style indirect.

_____

_____

_____

_____

_____

_____

_____

_____

# POUR LE PLAISIR DE LIRE

## Yannick Vernay

**Yannick Vernay: Avocat et père de famille**

Yannick Vernay is an attorney with a background in business. He was interviewed in his office at a pharmaceutical firm outside Paris, where he directs certain legal and site operations. He is married, with two children. In this interview, he talks about his family, in particular about their approach to vacations, and he comments on the role played by vacations and leisure time in France.

◆

*J'ai l'impression qu'en France les vacances jouent un rôle très différent dans la vie familiale par rapport aux Etats-Unis. Par exemple, on dit que les Français vivent toute l'année dans l'attente des vacances. Est-ce exact? Aidez-nous à comprendre un peu cette attitude.*

Oui, c'est un peu vrai. Il faut d'abord dire que les vacances sont échelonnées°       distribuées
dans l'année; il y a les grandes vacances, et en général les Français prennent un mois, en août ou en juillet. Il y a de plus en plus de petites vacances qui sont en général d'une semaine à Noël ou à Pâques pour faire du ski.

*Et à combien de semaines de vacances a-t-on droit? Est-ce que le nombre de semaines de vacances varie selon le travail que l'on fait?*

Oui. La base est de cinq semaines de congé, néanmoins,° suivant l'ancienneté        *nevertheless*
dans l'entreprise,° suivant l'entreprise dans laquelle on se trouve, on peut avoir        *mot ap.*
plus et par exemple dans le secteur bancaire, on peut avoir parfois six semaines
de congé, voire° plus.        même

*Durant les semaines pendant lesquelles on ne travaille pas, quelle est votre estimation du pourcentage de la population qui en vérité part en vacances?*

Il doit y avoir environ 60% des Français qui quittent leur domicile. C'est un chiffre estimatif. Parce qu'il y a toute une partie de la population rurale, qui, elle, ne part pas ou en tout cas beaucoup moins que les citadins.

*Pour les grandes vacances l'été dernier, qu'avez-vous fait avec votre famille? Quelles ont été les différentes étapes de vos préparatifs?*

C'est très difficile de partir en vacances en France, parce que, en général, pour un Français les vacances sont synonymes de soleil, de détente° et de mer. Or tous les endroits qui répondent à cette attente sont bondés.° Il faut s'y prendre° très en avance, c'est-à-dire, à partir du mois de février. C'est ce que j'ai fait l'année dernière. J'ai loué une maison à Nice sur la Côte d'Azur à peu près à cette époque.

*relaxation*
très fréquentés / s'y... commencer

*Et l'été prochain?*

L'été prochain, je m'y prendrai encore plus tôt, car même cette année au mois de février, j'ai eu des problèmes pour ma location. Je pense que mes projets seront à peu près identiques, c'est-à-dire, trouver un endroit ensoleillé, tranquille, surtout pour les enfants, qui sont une préoccupation importante, car il faut qu'ils puissent jouer librement, sans contraintes.°

sans... en liberté

*Si l'argent n'était pas une considération importante, où choisiriez-vous d'aller en famille pour les grandes vacances?*

En fait, il y a plusieurs endroits auxquels je pense: les Etats-Unis, et tout particulièrement la Californie. Ma femme et moi aimons beaucoup cet endroit. J'aimerais beaucoup le faire connaître à mes parents qui connaissent déjà la Floride et New York, mais pas la Californie. Pourquoi la Californie? Parce que c'est un endroit qui répond à mes préoccupations. C'est ensoleillé et parce que c'est aussi très intéressant en tant que mode de vie et c'est un des pays du futur.

A l'opposé de la Californie, il y a comme autre choix possible, des îles désertes avec beaucoup de soleil, également° la plage pour les enfants. Par exemple les Seychelles.° En troisième lieu, je choisirais l'Extrême-Orient: la Thaïlande, que j'aimerais beaucoup visiter pour ses richesses culturelles et la différence de civilisation.

et
îles dans l'Océan Indien

*Est-ce qu'il est plus commun—d'après ce que vous connaissez des Français—d'aller chaque année au même endroit ou d'en choisir un nouveau?*

Je crois que les Français aiment bien aller systématiquement au même endroit, pour autant qu'il les satisfasse.° Et je dirai qu'après tout, si l'on pense à la France, les endroits où l'on peut passer des vacances sont tout de même assez limités. Il y a la Bretagne, le Sud-Ouest de la France et la Côte d'Azur. Le plus populaire de tous étant de toute évidence la Côte d'Azur; ensuite peut-être la Bretagne et le Sud-Ouest.

pour... s'il les satisfait

*Que pensez-vous des voyages organisés? Avez-vous déjà participé à de tels voyages?*

Oui, nous avons fait des voyages organisés. Bien entendu, c'était à l'étranger,° et nous sommes allés en Afrique du Nord principalement. C'est intéressant, car lorsque l'on se rend dans un pays étranger, on a besoin d'un guide pour nous indiquer ce qu'il y a d'intéressant à visiter. Par contre, je n'aime pas les voyages organisés quand tout est organisé y compris les loisirs, quand il faut faire toujours comme tout le monde. Et cela, c'est mon petit côté individualiste.

à... dans un autre pays

*Aux Etats-Unis, les «summer camps» pour les enfants sont très populaires. Est-ce la même chose que les colonies de vacances ici?*

Je ne sais pas exactement ce que sont les «summer camps». Mais pour ce qui est des colonies de vacances en France, cela consiste donc à envoyer son enfant dans des camps où l'air est pur, proches de la nature et surtout où il y a possibilité de développer leurs capacités sportives. Ces camps sont essentiellement orientés vers le sport et en second lieu vers le développement de la vie en commun. Je crois que c'est ce que les parents recherchent indépendamment du fait qu'ils souhaitent faire faire du sport à leurs enfants. Ils considèrent, je considère aussi, que ce qui est très important, c'est cette vie en commun pendant un mois, pendant lequel les enfants vont être amenés à faire des concessions à leurs petits camarades, ils vont vivre avec eux et vont se trouver confrontés à des personnalités différentes des leurs. Donc, selon moi, alors que le milieu parental amène à développer leur propre personnalité, à affirmer leur «moi», les colonies les font prendre conscience du fait qu'il y a d'autres «moi» que le leur.

*Si le mois d'août est consacré aux vacances, quel en est l'effet sur l'économie française avec tant de bureaux, d'usines et de magasins fermés?*

L'économie française tout d'abord y est accoutumée. Cela ne crée pas de perturbations spécifiques. Cela dit, il faut quand même prendre en considération le fait que tout n'est pas fermé au mois d'août et au mois de juillet, puisque la moitié des Français alternent sur ces deux mois. Et que par ailleurs, il n'y a que 60% des Français qui partent en congé, donc cela ne pose pas de problèmes pour faire ses courses. Si une partie de l'industrie s'endort un peu, une autre en revanche commence à revivre; c'est celle du tourisme. Le tourisme, ce n'est pas seulement l'infrastructure hôtelière, c'est aussi le petit commerce. Je pense que d'une façon générale, ce problème de vacances existe partout ailleurs—en Europe et peut-être dans le monde à une moindre échelle,° mais cela existe    *à... to a lesser degree* quand même en Allemagne, en Suisse et en Italie. L'économie française—comme les autres économies d'ailleurs—a appris à réagir à ce type de phénomène.

*A votre avis, l'attitude des Français vis-à-vis des vacances est-elle en train de changer?*

Oui, dans une certaine mesure. En fait, les Français ont de plus en plus envie de découvrir d'autres horizons, d'une part parce que leur niveau de vie° augmente    *niveau... style de vie* et d'autre part parce que l'on ne vit plus maintenant comme on vivait il y a cinquante ans, dans un monde cloisonné;° la notion de frontière existe de moins    *fermé* en moins. En plus, il y a de plus en plus de communication entre les états, ce qui fait que l'on est de plus en plus attiré par ce qui est au-delà des frontières. Il y a bien entendu aussi le développement de l'industrie du tourisme et toute la publicité qui est faite autour des destinations plus ou moins lointaines telles que l'Afrique du Nord qui est très fréquentée par les Français, la Grèce, l'Espagne, l'Italie. Les Etats-Unis sont également très prisés, mais cela pose des problèmes financiers car le transport est tout de même onéreux.° Donc, effectivement dans    *cher* ce sens-là, l'attitude des Français tend à changer.

*Une dernière question. Pouvez-vous nous raconter un souvenir de vacances qui vous est cher?*

J'en ai plusieurs, mais je vais vous parler de deux particulièrement. Il y en a un qui concerne les Etats-Unis et plus particulièrement Carmel, qui est à mon avis l'un des plus beaux endroits du monde, en tout cas le plus beau que je connaisse. Cet endroit m'a beaucoup ému par la nature, les couleurs qu'on y rencontrait, par la beauté du paysage et par la manière dont le paysage était organisé. C'est-à-dire que finalement il n'y avait pas de violation de ce paysage par une civilisation, mais une civilisation qui était complètement intégrée au paysage. Cela a été pour moi un des plus beaux souvenirs.

    A l'opposé, je citerai la Tunisie, où j'ai passé d'excellentes vacances avec tout un groupe d'amis et là, il y avait à la fois le cadre qui était magnifique et il y avait beaucoup d'activités. Nous avons fait du sport (du tennis et de la natation). Mais nous avons également fait beaucoup de visites de la Tunisie, du désert, de toutes les villes importantes, et cela a été fantastique car cela nous a amenés à découvrir une civilisation qui a sûrement plus de mille ans de retard par rapport à la nôtre et sur certains plans peut-être plus de cent ans d'avance. C'était donc très intéressant, c'était la découverte de quelque chose d'inconnu d'une part et le plaisir de partager cette découverte d'autre part.

## AVEZ-VOUS COMPRIS?

**A.** Vrai ou faux?

1. On a droit à cinq semaines de vacances minimum en France.   2. Yannick Vernay estime que 40% des Français ne quittent pas leur domicile pour aller en vacances.   3. En France il faut s'y prendre au printemps pour préparer les vacances d'août.   4. La location d'une maison à Nice pour le mois d'août est facile.   5. Un endroit idéal pour des vacances est, d'après Yannick Vernay, Carmel en Californie.   6. Bien des Français vont au même endroit pour leurs vacances chaque année.   7. La Bretagne est l'endroit le plus populaire pour les vacances d'été en France.   8. Les Français voyagent de plus en plus à l'étranger.

**B.** Décrivez les caractéristiques désirables (d'après Yannick Vernay) d'un lieu de vacances.

**C.** Parlez des avantages et des inconvénients des voyages organisés, selon Yannick Vernay.

**D.** Pourquoi est-ce que Yannick Vernay considère quelques semaines dans une colonie de vacances comme une bonne idée pour un enfant?

**E.** D'après Yannick Vernay, quel est l'effet sur l'économie française des fermetures annuelles du mois d'août? Expliquez.

**F.** Quelles sont les deux catégories de vacances que décrit Yannick Vernay?

# THEME IV

CHAPITRE 10

## EXERCICES ORAUX

## A l'écoute de la vie

### AVANT D'ECOUTER

**A.  Etude de mots.** Associez par la logique chaque mot de la colonne de gauche avec un mot de la colonne de droite.

1. _____ HEC

2. _____ «histoire-géo»

3. _____ un concours

4. _____ «prépa»

5. _____ un dossier académique

6. _____ l'import-export

    a.  examen compétitif
    b.  une grande école
    c.  matières académiques
    d.  une classe préparatoire
    e.  le commerce international
    f.  collection de papiers administratifs et scolaires

**B.**  Toujours par la logique, sachant que les mots de l'exercice précédent sont contenus dans la séquence sonore que vous allez écouter, pouvez-vous en déduire le sujet?

☐  la situation des ingénieurs en France

☐  les études supérieures de commerce

☐  la formation professionnelle des médecins

### A L'ECOUTE

**A.**  Ecoutez une première fois et numérotez les idées suivantes de 1 à 5 selon l'ordre chronologique dans lequel elles sont présentées.

_____ préparation des concours

_____ description des prépas

_____ choix d'une école supérieure

_____ avantages d'avoir des diplômes supplémentaires

_____ objectifs professionnels de Florence

**B.**  Ecoutez encore une ou deux fois et indiquez si les phrases sont vraies (V) ou fausses (F).

1.  La sélection pour entrer en classe préparatoire est faite sur dossier.    □    □

2.  On passe un minimum de deux ans en classe préparatoire.    □    □

3.  Il n'y a que des matières scientifiques au programme d'études de la classe préparatoire décrite ici.    □    □

4.  L'Institut Supérieur de Gestion est une école privée.    □    □

5.  Les diplômés des écoles supérieures de commerce n'ont pas peur du chômage.    □    □

6.  Les «jeunes loups» (*wolves*) sont les jeunes diplômés agressifs.    □    □

C.  Ecoutez encore et résumez.

1.  Le programme d'études des prépas HEC (matières étudiées, heures de cours par semaine, etc.)

    _____

    _____

    _____

    _____

2.  Les écoles supérieures de commerce (durée des études, nature du diplôme, options supplémentaires)

    _____

    _____

    _____

3.  Les avantages d'avoir des diplômes supplémentaires

    _____

    _____

4.  Les plans de Florence

    _____

    _____

    _____

# A vous la parole

## PHONETIQUE

**Mute *e***

The vowel **e** written without an accent in French is called a "mute **e**" (*e* **muet,** *e* **caduc**). This type of **e** differs from the sound [e] (written **é**) and the sound [ɛ] (usually written **è, ê**), in two ways. It is often not pronounced and, if pronounced, its sound is [ə], similar to the vowel in **deux**.

The mute **e** is generally *not* pronounced when it occurs between two consonants: **samédi, facilément**. It *is* pronounced when its omission would cause three or more consonants to come together: **vendredi, sacrement**. This is known as the "rule of three consonants": CC[ə]C.

In this lesson, you are learning a certain group of verbs that take the preposition **de** before an infinitive object. (**Je viens de partir.**) The phonetic context will determine how **de** will be pronounced. For example: **Je te dis dé partir** (not pronounced); **J'ai peur de partir** (pronounced).

In this chapter, your work with the mute **e** will concentrate on the pronunciation of the preposition **de**.[*]

Now turn on the tape.

**A. Le *e* est-il vraiment muet?** Lisez les phrases suivantes en écoutant le présentateur. Ensuite, répétez la phrase. Faites attention de prononcer le **e** muet s'il le faut. Soulignez le **e** muet si vous le prononcez.

1. Catherine vient de passer son bac C.
2. Elle a décidé de présenter un concours à l'Ecole Polytechnique.
3. Elle n'a pas peur de choisir une carrière d'ingénieur.
4. Elle aurait tort de ne pas essayer!
5. Et elle a l'intention de réussir!

**B. Et vous?** Répondez affirmativement aux questions suivantes en faisant attention à la prononciation de la préposition **de**.

1. ...    2. ...    3. ...    4. ...

## PAROLES

**A. Quelle spécialisation?** En vue de leur choix de carrière, indiquez la spécialisation de ces étudiants. Réponses possibles: *en droit, en sciences économiques, en gestion, en lettres, en architecture, en sciences, en sciences humaines.*

> MODELE: *Vous entendez:* Gisèle veut devenir avocate.
> *Vous répondez:* Alors, Gisèle se spécialise en droit.

1. ...    2. ...    3. ...    4. ...    5. ...    6. ...

**B. Les professions de la santé.** Toutes ces personnes travaillent dans le domaine de la santé. Devinez leur profession précise.

> MODELE: *Vous entendez:* Cette femme travaille dans une pharmacie.
> *Vous répondez:* C'est une pharmacienne.

1. ...    2. ...    3. ...    4. ...    5. ...

**C. Le vocabulaire scolaire.** Ecoutez les définitions et puis dites de quoi il s'agit. Réponses possibles: *Centre Hospitalier Universitaire, grandes écoles, Institut Universitaire de Technologie, brevet professionnel, baccalauréat, licence.*

> MODELE: *Vous entendez:* C'est un centre de recherches et d'études médicales.
> *Vous répondez:* C'est un Centre Hospitalier Universitaire.

1. ...    2. ...    3. ...    4. ...    5. ...

**D. Et vous?** Répondez par écrit aux questions suivantes sur vos aspirations professionnelles.

1. _____

2. _____

---

[*]Note that **n** in combination with a vowel (**bon, envie, bain,** and so on) is considered part of the nasal vowel. It is not considered a consonant.

3. _____

4. _____

## STRUCTURES

**A. De futurs médecins?** Modifiez la phrase suivante selon le modèle.

> MODELE: *Vous entendez:*  Elise veut devenir médecin.
> *Vous lisez:*  Miriam a envie...
> *Vous répondez:*  Miriam a envie de devenir médecin.

1. Michèle espère...
2. Angeline rêve...
3. Rebecca compte...

4. Colette hésite...
5. Aurélie a raison...
6. Paulette réussira...

**B. Votre vie d'étudiant(e).** Répondez affirmativement ou négativement aux questions suivantes. Ensuite vous entendrez la réponse la plus logique.

> MODELE: *Vous entendez:*  passer des heures à la bibliothèque
> Adorez-vous?
> *Vous répondez:*  Mais non, je n'adore pas passer des heures à la bibliothèque.

1. ...    2. ...    3. ...    4. ...    5. ...    6. ...

**C. En quittant la bibliothèque...** Regardez ces étudiants. Ils font leurs devoirs, oui, mais ils pensent déjà à ce qu'ils vont faire plus tard. Répondez aux questions en suivant le modèle.

> MODELE: *Vous entendez:*  Qu'est-ce que Jacques va faire plus tard?
> *Vous répondez:*  Jacques va faire de la natation.

1. ...    2. ...    3. ...    4. ...    5. ...

**D. Maintenant à vous!** Savez-vous déjà ce que vous allez faire? Après avoir quitté le laboratoire, quels sont vos projets? Répondez par écrit aux questions (répétées deux fois).

1. _____

2. _____

3. _____

4. _____

# Dictée

Vous entendrez la dictée deux fois. La première fois, écoutez. La deuxième fois, écrivez. Ensuite, réécoutez le premier enregistrement pour corriger.

POLYTECHNIQUE

_____

_____

_____

_____

_____

_____

_____

_____

_____

_____

_____

_____

_____

# EXERCICES ECRITS

## PAROLES

**A. Où prépare-t-on ces diplômes?** Après chaque diplôme, indiquez le type d'établissement où on le prépare en France.

1. un doctorat en linguistique

   _____

2. un diplôme de technicien supérieur

   _____

3. un diplôme de médecine

   _____

4. une maîtrise en sciences économiques

   _____

5. un diplôme très prestigieux d'administration

   _____

6. un brevet professionnel

   _____

**B. Masculin/féminin.** A côté de la forme masculine des professions, écrivez la forme féminine, si elle existe.

1. avocat _____

2. médecin _____

3. infirmier _____

4. administrateur _____

5. chercheur _____

6. pharmacien _____

7. professeur _____

**C. Qui travaille où?** Pour chaque lieu de travail, indiquez deux personnes qui pourraient logiquement y travailler.

1. un laboratoire _____

2. un bureau _____

3. un hôpital _____

4. à la maison _____

5. une salle de justice _____

6. une grande entreprise _____

7. une université _____

**D. Les débouchés et les carrières.** Très souvent les Français, comme les Américains, choisissent leur spécialisation à l'université en vue d'une carrière particulière. Créez des phrases qui précisent les rapports entre les études supérieures et les professions. Essayez de varier les verbes et la structure de vos phrases.

MODELE: (gestionnaire) →
Si vous voulez devenir gestionnaire, vous pouvez vous spécialiser en sciences économiques ou en gestion à l'université.

1. (dentiste) _____

   _____

   _____

2. (professeur de français) _____

   _____

   _____

3. (avocat) _____

   _____

   _____

4. (psychologue) _____

   _____

   _____

5. (chimiste) _____

   _____

   _____

## STRUCTURES

**A. Rencontres du troisième type.** Pierre Morier adore la science-fiction sous toutes ses formes. Complétez son commentaire en rajoutant la préposition **à** ou **de** si nécessaire.

Depuis trois ans, je m'amuse _____[1] lire des contes de science-fiction. Avec mon argent de poche, je préfère _____[2] acheter des bouquins de science-fiction. Ma mère m'empêche _____[3] dépenser plus de 50F par semaine, mais parfois j'arrive _____[4] rapporter des bouquins en cachette et elle ne peut pas _____[5] distinguer les nouveaux des autres!

Et puis, il y a le cinéma. J'adore _____[6] inviter mes copains _____[7] m'accompagner aux films de science-fiction avec des vaisseaux spatiaux et des robots. Je suis déjà allé _____[8] voir *La Guerre des étoiles* quatre fois! Mais le film que je préfère, c'est *E.T.* J'espère _____[9] le revoir la semaine prochaine. Je continue _____[10] penser qu'un petit bonhomme comme E.T. existe quelque part et qu'il peut _____[11] devenir mon ami et qu'après m'avoir rendu visite, il va _____[12] me demander _____[13] l'aider _____[14] retourner chez lui.

**B. J'adore... je déteste... .** En utilisant un élément de chaque colonne, composez huit phrases qui vous décrivent. N'oubliez pas de rajouter s'il le faut une préposition devant l'infinitif.

| | |
|---|---|
| espérer | étudier jour et nuit |
| apprendre | gagner un million de dollars à la loterie |
| s'amuser | recevoir de bonnes notes |
| commencer | parler français |
| refuser | sortir avec mes copains |
| venir | écrire en français |
| avoir envie | être fatigué(e) |
| réussir | terminer cet exercice |

_____

_____

_____

_____

_____

_____

_____

_____

**C. Et après?** Composez des phrases avec les éléments donnés selon le modèle. Utilisez un infinitif passé dans chaque phrase.

MODELE:  regarder la télé / terminer les devoirs →
Je vais regarder la télé après avoir terminé les devoirs.

1. téléphoner à un copain / dîner

_____

_____

2. se reposer / aller au labo

_____

_____

3. se coucher / prendre une douche

_____

_____

4. avoir un beau sourire / se brosser les dents

_____

_____

5. prendre un grand repas / rentrer à la maison

_____

_____

6.  faire la fête / passer tous les examens finals

_____

_____

**D. Un mot pour le professeur.** Combinez les deux phrases en une. Utilisez un infinitif présent ou passé selon le cas.

Cher Monsieur (Chère Madame),

1.  Je m'excuse / je ne suis pas venu(e) en classe ce matin.

_____

2.  Je ne vais pas / j'invente des excuses invraisemblables.

_____

3.  J'ai l'intention / je vous dis la vérité.

_____

4.  Mais j'ai honte / je vous la révèle.

_____

5.  Je regrette / j'ai manqué le cours.

_____

Sincèrement,


**E. Bonne année!** La tradition veut que l'on prenne des résolutions à l'occasion du nouvel an. A vous d'en proposer cinq pour l'année prochaine. Utilisez le verbe indiqué pour chacune d'entre elles.

1.  (avoir l'intention de) _____

_____

2.  (compter) _____

_____

3.  (tenir à) _____

_____

4.  (vouloir) _____

_____

5.  (espérer) _____

_____

Sont-elles sages ou capricieuses, vos résolutions?

CHAPITRE $11$

## EXERCICES ORAUX

## A l'écoute de la vie

### AVANT D'ECOUTER

La bande sonore que vous allez écouter est une interview sur l'avenir, non pas avec quelqu'un de jeune qui a tout son avenir devant soi, mais avec une personne âgée qui sait ce que l'avenir représente à différentes périodes de la vie.

Pour vous, quelles sont les périodes de la vie où la perspective sur l'avenir pourrait changer? Pour chaque période indiquée ci-dessous, imaginez les éléments essentiels de l'avenir.

MODELE: _17 ans_ → _choisir une université_

AGE APPROXIMATIF    CE QUE L'AVENIR REPRESENTE

1. _____   _____

    _____

2. _____   _____

    _____

3. _____   _____

### A L'ECOUTE

**A.** Ecoutez une première fois et notez l'âge de la personne qui parle, puis les trois périodes considérées dans l'interview.

1. _____

2. _____   _____   _____

**B.** Ecoutez une ou deux autres fois et complétez.

PERIODE    CE QUE L'AVENIR REPRESENTAIT

1. _____   _____

    _____

2. _____   _____

    _____

3. _____    _____
                                _____

C. Ecoutez encore une fois et répondez.

   1. Quel genre d'études Mme Bourhis a-t-elle fait?

   _____

   2. Comment a-t-elle amélioré (*improved*) sa carrière? Qu'est-elle devenue?

   _____

   _____

   3. Pourquoi les retraités ont-ils besoin d'oublier qu'ils sont en retraite? Trouvez-vous ces pensées surprenantes? Pourquoi?

   _____

   _____

   _____

   4. D'après le contexte des dernières phrases de la séquence sonore, quel est le sens du mot «soulagement»?

   _____

# A vous la parole

PHONETIQUE

**Mute *e* (continued)**

Another case where the pronunciation of mute **e** is important concerns the future forms of **-er** verbs. The **e** that precedes the future tense endings is often not pronounced; for example: **je dînerai, vous payerez**.

   The "rule of three consonants" still holds for these verbs. If there are two consonant sounds before the **e**, the mute **e** will be pronounced: **je parlerai, nous entrerons**; if there is only one consonant sound, the **e** will be mute: **tu téléphoneras, vous mangerez**.

   In this chapter, your work with the mute **e** will deal with the simple future forms of **-er** verbs.
   Now turn on the tape.

**A. Le *e* muet: l'est-il vraiment?** Voici une liste de verbes en **-er** conjugués au futur simple. Prononcez ces verbes en faisant particulièrement attention à la prononciation du **e** muet. (Ensuite, répétez la bonne prononciation.)

   1. je porterai
   2. nous tomberons
   3. ils feront
   4. vous voyagerez
   5. elle parlera
   6. tu te dépêcheras
   7. vous risquerez

**B. L'avenir, c'est l'an 2020.** Vous allez entendre des phrases à la forme négative qui décrivent votre vie actuelle. Changez les phrases à la forme affirmative en transformant le verbe au futur simple. Attention à la prononciation du **e** muet.

MODELE: *Vous entendez:* Aujourd'hui vous ne voyagez pas en satellite.
*Vous répondez:* Mais en l'an 2020, je voyagerai peut-être en satellite.

1. ...   2. ...   3. ...   4. ...   5. ...   6. ...

## PAROLES

**A. Les problèmes de demain.** Ecoutez le politicien qui parle des problèmes de l'avenir. Ensuite répondez selon le modèle. Réponses possibles: *le développement des pays du tiers monde, la guerre des étoiles, l'énergie nucléaire, la pollution, le chômage, la pauvreté.*

MODELE: *Vous entendez:* Il faut envoyer des ingénieurs dans les pays africains.
*Vous répondez:* Il parle du développement des pays du tiers monde.

1. ...   2. ...   3. ...   4. ...   5. ...

**B. Etes-vous «trekkie»?** Vous y connaissez-vous en langage de l'espace? Ecoutez les définitions et puis devinez de qui ou de quoi il s'agit. Complétez la phrase **C'est...** ou **Ce sont...** .

1. ...   2. ...   3. ...   4. ...   5. ...

**C. Ce soir à la télé.** Chaque membre de la famille Chartier a des goûts différents. Quelle sorte d'émission veut regarder chacun? Réponses possibles: *un feuilleton, un dessin animé, un jeu télévisé, un film, un journal télévisé, un documentaire.*

1. ...   2. ...   3. ...   4. ...   5. ...   6. ...

**D. Et vous?** Quelles sont vos habitudes et vos opinions sur la télévision? Répondez aux questions par écrit.

1. _____
2. _____
3. _____
4. _____
5. _____

## STRUCTURES

**A. Plus ça change, plus c'est la même chose.** A votre avis, la vie de la copine Martine ne changera pas beaucoup d'ici dix ans. Répondez-lui selon le modèle.

MODELE: *Vous entendez:* Je ne peux pas me lever tôt.
*Vous répondez:* Et dans dix ans, tu ne pourras toujours pas te lever tôt.

1. ...   2. ...   3. ...   4. ...   5. ...   6. ...

**B. L'avenir de Pierre.** Ecoutez Pierre qui décrit sa vie dans 25 ans. Ensuite répondez à ses questions. Mettez-vous d'accord avec lui!

MODELE: *Vous entendez:* Dans 25 ans, auras-tu plus de 40 ans?
*Vous répondez:* Oui, dans 25 ans, moi aussi j'aurai plus de 40 ans.

1. ...   2. ...   3. ...   4. ...   5. ...

**C. Des voyageurs du monde entier.** Ecoutez ces voyageurs à l'aéroport Charles de Gaulle près de Paris. Répondez selon le modèle.

MODELE: *Vous entendez:* Je vais à Casablanca.
*Vous répondez:* Alors, vous allez au Maroc.

1. ...   2. ...   3. ...   4. ...   5. ...   6. ...   7. ...

**D.  La réussite en face.** Vous souvenez-vous de l'enquête «L'avenir en face»? Jugez de l'importance des possibilités proposées pour votre propre réussite future. Arrêtez la cassette pour revoir le sondage, puis répondez par écrit aux questions.

## L'avenir en face

**Pour toi, réussir dans la vie, c'est...**

| | |
|---|---|
| Avoir un métier intéressant | 64% |
| Aider les autres | 44 |
| Etre sûr(e) de ne jamais être au chômage | 34 |
| Faire ce qu'on a envie | 31 |
| Savoir se servir d'un ordinateur | 27 |
| Gagner beaucoup d'argent | 27 |
| Travailler dans les métiers d'avenir | 27 |
| Commander les autres | 4 |

**Dans une dizaine d'années, quand tu auras à peu près 20 ans, la vie sera...**

| | |
|---|---|
| Mieux que maintenant | 49% |
| Pareille que maintenant | 31 |
| Moins bien que maintenant | 20 |

**Parmi ces mauvaises choses, quelles sont** celles qui, à ton avis, arriveront quand tu auras à peu près 20 ans?

| | |
|---|---|
| Il n'y aura pas de travail | 34% |
| Il y aura la guerre | 22 |
| Il y aura beaucoup de maladies | 20 |
| Il n'y aura presque plus d'animaux | 18 |
| Il fera beaucoup plus froid | 16 |
| Il n'y aura presque plus à manger | 6 |
| Sans réponse | 18 |

**Et parmi ces bonnes choses?**

| | |
|---|---|
| L'ordinateur aura changé la vie | 38% |
| Il y aura des robots partout | 33 |
| Il n'y aura plus d'enfants qui ont faim | 33 |
| Tu pourras voyager dans l'espace | 31 |
| On vivra beaucoup plus longtemps | 27 |
| On travaillera moins | 26 |
| Tous les pays vivront en paix | 25 |
| Il y aura du travail pour tout le monde | 21 |

1. _____

2. _____

3. _____

4. _____

# Dictée

Vous entendrez la dictée deux fois. La première fois, écoutez. La deuxième fois, écrivez. Ensuite, réécoutez le premier enregistrement pour corriger. A la fin, donnez votre réaction. (N.B.: «à la ligne» = *new paragraph*.)

_____

_____

_____

_____

—————————————————————————————————————————————

—————————————————————————————————————————————

—————————————————————————————————————————————

—————————————————————————————————————————————

—————————————————————————————————————————————

—————————————————————————————————————————————

Quelle est votre réaction à ce texte?

—————————————————————————————————————————————

—————————————————————————————————————————————

# EXERCICES ECRITS

## PAROLES

**A. La langue de l'an 2020.** Complétez ce paragraphe avec le vocabulaire du Chapitre 11. Rajoutez des articles, si nécessaire; conjuguez les verbes au futur simple. (Vous pouvez revoir la section **Paroles** dans votre livre avant de continuer.)

En l'an 2020 on _____[1] très souvent des navettes spatiales et

_____[2] seront aussi nombreux que les pilotes d'avion aujourd'hui.

_____[3] nous transmettront des émissions de télévision des quatre coins du

monde.

Nous serons déjà entrés dans l'âge nucléaire. Puisqu'il faudra utiliser beaucoup

d'_____,[4] on aura construit des centrales nucléaires un peu partout. Et

donc le problème des _____[5] sera encore plus grave qu'aujourd'hui.

Il existera toujours des problèmes entre les nations, mais puisqu'il y aura moins d'armes nucléaires

et de missiles, la guerre _____[6] n'_____[7] pas

lieu.

A l'intérieur des pays développés, il y aura toujours des problèmes économiques et sociaux. Il n'y

aura pas de travail pour tout le monde et ainsi, _____[8] sera un des plus

graves problèmes. Pour répondre au problème de _____,[9] de nouvelles

lois protégeront l'environnement.

**B. Un Martien chez vous!** Imaginez qu'un Martien arrive chez vous. Ecrivez-lui un mode d'emploi pour votre poste de télévision. Mettez les verbes dans un ordre logique et conjuguez-les au futur simple.

régler le son et l'image
allumer
brancher le poste
changer de chaîne pour choisir une émission
éteindre
regarder l'émission

1. Tu brancheras le poste
2. _____
3. _____
4. _____
5. _____
6. _____

**C. A la télé.** Regardez bien le programme du samedi 28 décembre, puis remplissez la grille ci-dessous avec des possibilités.

**SAMEDI** 28 DECEMBRE

### TF1

12h : Tournez manège. — 12h30 : Le juste prix. — 13h : Journal. — 13h15 : Reportages. — 13h50 : Millionnaire. — 14h10 : La Une est à vous. — 17h30 : Mondo dingo. — 18h : 30 millions d'amis. — 18h30 : Une famille en or. — 19h : Marc et Sophie. — 19h25 : La roue de la fortune. — 20h : Journal. — 20h45: Sébastien c'est fou. — 22h35 : Cache cache : Gérard Jugnot. — 23h35 : « Le voyage au long cours », téléfilm d'Henry Colomer avec Robert Young, Delphine Forest, Alexis Smith. — 1h : Journal.

### A2

12h : Pyramide. — 12h30 : La baby sitter. — 13h : Journal. — 13h35 : Animalia. — 15h : Sports passion. — 17h30 : Les 5 dernières minutes. — 19h : Le meilleur de la camera cachée. — 20h : Journal. — 20h45: La nuit des héros. — 22h45 : Double jeu. — 23h50 : « Les cadavres à la pelle », téléfilm de Eric Le Hung avec Albert Minski, Jacques François, Hélène Duc, 2ème partie. — 1h : Journal.

### FR3

12h45 : Journal. — 13h : Le programme de votre region. — 14h : Eurotop. — 15h : Bienvenue à la 7. — 19h : Le 19/20. — 20h: Histoire parallèle. — 21h : Le lac des cygnes, chorégraphie de Max Ek. — 22h55 : Journal. — 22h10 : Album de Bernard Lavilliers. — 24h : L'heure du golf.

### LA 5

11h55 : Que le meilleur gagne. — 12h45 : Journal. — 13h20 : « Nom de code S.H.E. » téléfilm de Robert Lewis avec Omar Sharif, Cornelia Sharpe, Anita Ekberg, Fabio Testi. — 15h : Capitaine Furillo. — 15h55 : Riptide. — 16h40 : La loi de Los Angeles. — 17h50 : Intégral. — 18h25 : Total Paris-Sirte-Le Cap. — 19h : L'enfer du devoir. — 20h : Journal. — 20h50 : Perry Mason. — 22h40 : Patinage artistique à Washington. — 23h40 : Journal. — 23h50 : Freddy, le cauchemar de vos nuits. — 0h45 : Integral.

### M6

12h : Culture rock. — 12h30 : Cosby show. — 13h : O'Hara. — 13h50 : Supercopter. — 14h50 : Laredo. — 15h45 : Les aventures de Papa-poule. — 16h45 : Hong Kong connection. — 17h35 : Le Saint. — 18h30 : Les têtes brulées. — 19h20 : Turbo, magazine. — 20h : Papa Shultz. — 20h35 : « Marchands de rêves », téléfilm de Vincent Sherman avec Mark Harmon, Vincent Gardenia, Morgan Fairchild. — 24h : Rapline.

| CATEGORIE | TITRE | CHAINE | HEURE |
|---|---|---|---|
| journal | Journal | FR3 | 12h45 |
| jeu | | | |
| feuilleton | | | |
| télé-film | | | |
| film | | | |
| dessin animé | | | |

**D. Il y a avenir et avenir!** Imaginez qu'il est 13h50 samedi, le 28 décembre, 1992 et vous êtes en train de regarder le feuilleton «Millionnaire» à TF1. A côté de chaque indication, écrivez une expression qui décrit l'avenir en question. Réponses: *demain, dans 25 minutes, l'année prochaine, dans 8 jours, après-demain, le mois prochain, dans 3 ans.*

1. 14h15 le 28 déc 1992 _____

2. le 29 déc 1992 _____*demain*_____

3. le 30 déc 1992 _____

4. samedi le 5 jan 1993 _____

5. le 20 jan 1993 _____

6. le 28 déc 1993 _____

7. le 28 déc 1995 _____

## STRUCTURES

**A. Contrôle.** Pouvez-vous survivre au «future shock»? A côté de chaque verbe au présent, écrivez le futur simple. Attention aux verbes irréguliers et aux changements d'orthographe.

MODELE: il parle → il parlera

je vais _____

tu es _____

elle fait _____

il faut _____

nous pouvons _____

vous venez _____

ils achètent _____

Jean préfère _____

vous rappelez-vous? _____

nous voyons _____

je me lève _____

ils se dépêchent _____

**B. Chez les Sélénites.** Pour faire plaisir à votre ami(e), vous décidez de faire un voyage sur la lune pour rendre visite aux Sélénites. Vous réfléchissez à votre arrivée chez eux. Complétez les paragraphes suivants en choisissant le verbe convenable et en le conjuguant au futur. N'utilisez chaque verbe qu'une seule fois.

Nous _____¹ chez les Sélénites dans mon engin spatial. Le voyage _____² vite fait, deux petites heures seulement. En route nous _____³ beaucoup de merveilles par le hublot (*porthole*).

venir
être
aller
essayer
arriver
voir
recevoir

Quand nous _____⁴ sur la lune, des Sélénites _____⁵ nous rencontrer. Ils nous _____⁶ les bras ouverts. Nous _____⁷ de communiquer avec eux par des gestes.

Il _____⁸ nuit et nous _____⁹ une terre humide. Nous _____¹⁰ envie de voir cette terre sous le soleil, mais nous _____¹¹ attendre trois jours.

avoir
se mettre
faire
devoir
appeler
découvrir

Avant de dîner, mon ami(e) _____¹² ses parents en utilisant un téléphone lunaire. Ensuite, nous _____¹³ à table pour un véritable festin de lune, au clair de terre!

C. **Le voyage de Jean-Pierre.** Complétez cet extrait de lettre avec les prépositions et articles nécessaires.

Je commencerai ma visite de l'Amérique _____¹ New York City et ensuite j'irai _____² Maine, _____³ Kennebunkport. Après, je visiterai _____⁴ Québec, une province francophone, où j'ai envie d'aller _____⁵ Montréal et _____⁶ la ville de Québec.

Je quitterai _____⁷ Canada, et je prendrai l'avion pour _____⁸ Californie. Après une semaine _____⁹ San Francisco, j'irai _____¹⁰ San Diego. Ensuite, je descendrai _____¹¹ Mexique où j'ai l'intention d'aller _____¹² Acapulco.

D. **Un voyage en Europe.** Composez des phrases selon le modèle.

MODELE:  Allemagne / Munich → Quand je serai en Allemagne, j'irai à Munich.

1. Italie / Rome

   _____

2. Danemark / Copenhague

   _____

3. Espagne / Madrid

   _____

4. Les Pays-Bas / Amsterdam

   _____

5. Portugal / Lisbonne

   _____

6.   France / Le Havre

_____

**E.   Votre première journée sur la lune.** Après avoir bien dormi, vous et votre ami(e) serez prêt(e)s à commencer votre visite de la lune. Pendant le petit déjeuner, vous anticipez cette première découverte. Complétez les phrases suivantes en utilisant le futur simple et/ou le futur antérieur.

MODELE:   Lorsque →
Lorsque nous aurons fini de déjeuner, nous partirons avec nos guides sélénites.

1.   Dès que _____

_____

2.   Aussitôt que _____

_____

3.   Tant que _____

_____

4.   Quand _____

_____

5.   Après que _____

_____

6.   Lorsque _____

**F.   L'avenir—proche et lointain.** Il y a plusieurs façons de définir l'avenir: demain, l'année prochaine, l'an 2020, etc. Répondez aux questions suivantes en imaginant divers moments de votre avenir.

1.   Qu'est-ce que vous allez faire demain que vous n'avez pas fait aujourd'hui? _____

_____

2.   Où habiterez-vous l'année prochaine? _____

_____

3.   Dans vingt ans, quel mode de transport est-ce que vous utiliserez le plus souvent? _____

_____

4.   En l'an 2020, où passerez-vous vos vacances? _____

_____

5.   A quel âge comptez-vous prendre votre retraite? _____

_____

CHAPITRE 12

# EXERCICES ORAUX

## A l'écoute de la vie

Etes-vous prêt(e) à écouter une conversation authentique «à froid»? Il n'y a pas de section préparatoire, **Avant d'écouter,** dans ce chapitre, mais la progression des tâches d'écoute devrait vous aider à comprendre l'interview.

### A L'ECOUTE

**A.** Ecoutez une première fois et cochez les sujets traités dans la séquence sonore.

1. _____ position de la France vis-à-vis de la Martinique

2. _____ problèmes d'intégration des Noirs venus d'Afrique

3. _____ concept d'être «différent»

4. _____ les immigrés arabes en France

5. _____ le rôle de la langue dans le racisme

6. _____ le racisme dans les écoles françaises

7. _____ l'attitude des Arabes vis-à-vis de Le Pen (homme politique conservateur, voire anti-immigré)

**B.** Ecoutez encore en vous concentrant sur tous les détails qui concernent Guilaine, la jeune fille interviewée. Prenez des notes, puis servez-vous de ces notes pour répondre à la question.

NOTES

1. âge de Guilaine _____

2. lieu de résidence _____

3. race _____

4. origines de sa famille _____

5. deux raisons pour lesquelles elle se sentait différente des autres _____

   _____

6. incident raciste dans sa vie _____

   _____

7. deux facteurs qui lui ont permis d'être acceptée et qui la distinguaient des immigrés _____

_____

QUESTION

Pourquoi Guilaine sentait-elle qu'elle avait «quelque chose à prouver»? Comment l'a-t-elle fait?

_____

_____

_____

_____

C. Concentrez-vous maintenant sur le problème des immigrés arabes. Ecoutez encore la deuxième moitié de l'interview en prenant des notes, puis répondez à la question.

NOTES

1. problème principal des enfants d'immigrés _____

_____

_____

2. «scandale» des années soixante-dix à Paris _____

_____

_____

3. facteur culturel important, autre que la langue _____

_____

_____

4. attitude des enfants français par rapport aux enfants d'immigrés dans les écoles _____

_____

_____

5. cause des préjugés chez les jeunes, selon Guilaine _____

_____

_____

QUESTION

D'après cette interview, comment expliquez-vous le racisme contre les immigrés arabes en France?

_____

_____

_____

_____

_____

_____

# A vous la parole

PHONETIQUE

**Intonation in Declarative Sentences**

In this lesson, you are going to learn an intonation pattern used in declarative sentences. It combines a rising intonation followed by a falling intonation.

In American English, there is a falling intonation to mark the end of each phrase of a declarative sentence. Listen to the intonation pattern as you say the following sentence.

*At the end of the day, when I'm tired and hungry, I'm glad to have a microwave.*

In French, however, each phrase of a statement is marked by a rising intonation, except the final phrase, where the intonation rises and then falls. The basic subjunctive structure provides a good opportunity to practice this common intonation pattern in French.

Now turn on the tape and listen to the following sample sentence. Mark the rising and falling intonation.

Avant que les citoyens se révoltent, il faut que le gouvernement se décide, qu'il fasse quelque chose

pour calmer la situation.

**A. La France, terre d'accueil?** Les phrases suivantes présentent des opinions sur les immigrés en France. Ecoutez-les et puis lisez-les à haute voix en faisant attention à l'intonation.

1. De nos jours, j'ai bien peur que les immigrés soient mal reçus.
2. Il faut absolument que les immigrés cherchent à s'intégrer.
3. Je ne pense pas que ces étrangers soient une menace sur le marché de l'emploi.
4. Je propose qu'on établisse des lois contre la discrimination professionnelle.
5. Nous croyons tous qu'il est temps que l'intolérance diminue.

**B. Avez-vous des préjugés?** Ecoutez les commentaires et puis donnez votre opinion en vous servant d'une des expressions entre parenthèses. Attention à l'intonation montante-descendante de vos phrases. Vous entendrez ensuite une réponse possible.

> MODELE: (Je pense, Je ne pense pas) →
> *Vous entendez:* On doit renvoyer tous les immigrés.
> *Vous lisez:* Je pense, Je ne pense pas
> *Vous répondez:* Je ne pense pas qu'on doive renvoyer tous les immigrés.

| | |
|---|---|
| 1. (Je crois, Je ne crois pas) | 4. (Il faut, Il ne faut pas) |
| 2. (Je propose, Je ne propose pas) | 5. (Je regrette, Je ne regrette pas) |
| 3. (Je doute, Je ne doute pas) | |

PAROLES

**A. Vocabulaire social.** Donnez le nom qui correspond à chaque définition. Mots utiles: *un immigré, un criminel, l'antisémitisme, un citoyen, un résident illégal, une émeute, une grève, les agents de police.*

> MODELE: *Vous entendez:* C'est quelqu'un qui se croit supérieur aux membres d'autres races.
> *Vous répondez:* C'est un raciste.

1. ...  2. ...  3. ...  4. ...  5. ...  6. ...  7. ...  8. ...

**B.** **A travers le monde francophone.** Ecoutez ces personnes décrire leur état civil, puis identifiez-le à partir des catégories suivantes: citoyen(ne), réfugié(e) politique, étranger/ère, résident(e) illégal(e), immigré(e).

> MODELE: *Vous entendez:* Monique est née en France et elle y habite toujours.
> *Vous répondez:* Monique est citoyenne française.

1. ... 2. ... 3. ... 4. ... 5. ...

**C.** **Etes-vous bon citoyen?** Ecoutez les phrases suivantes, puis dites si vous êtes d'accord ou pas d'accord. Répondez comme un bon citoyen (une bonne citoyenne)!!

1. ... 2. ... 3. ... 4. ... 5. ...

**D.** **Etes-vous pour ou contre?** Ecoutez les questions, puis répondez par écrit. Donnez aussi la raison de votre opinion.

1. _____
   _____

2. _____
   _____

3. _____
   _____

4. _____
   _____

## STRUCTURES

**A.** **La forme d'abord!** Pour chaque indicatif présent, donnez le subjonctif présent correspondant.

> MODELE: *Vous entendez:* vous dites
> *Vous répondez:* que vous disiez

1. ... 2. ... 3. ... 4. ... 5. ... 6. ... 7. ... 8. ... 9. ... 10. ...

**B.** **«Tu veux ou tu ne veux pas?»** Répondez aux questions en commençant avec «Je veux» ou «Je ne veux pas» selon les modèles.

> MODELES: a. *Vous entendez:* Veux-tu travailler?
> *Vous répondez:* Non, je ne veux pas travailler.
>
> b. *Vous entendez:* Et Monique?
> *Vous répondez:* Je veux qu'elle travaille pour moi!

1. ... 2. ... 3. ... 4. ... 5. ... 6. ... 7. ... 8. ...

**C.** **Vous n'êtes pas d'accord!** Commentez les opinions suivantes sur les travailleurs immigrés en mettant les phrases affirmatives au négatif et les phrases négatives à l'affirmatif.

> MODELE: *Vous entendez:* Je ne pense pas que ce soit une bonne idée.
> *Vous répondez:* Je pense que c'est une bonne idée.

1. ... 2. ... 3. ... 4. ... 5. ...

**D. Maintenant à vous!** Ecoutez les phrases suivantes, puis commentez-les en commençant par **Je pense que...** ou **Je ne pense pas que...** Mettez le verbe à l'indicatif ou au subjonctif selon le cas. (Vous entendrez ensuite une des réponses possibles.)

1. ...    2. ...    3. ...    4. ...    5. ...

## Dictée

Vous entendrez la dictée deux fois. La première fois, écoutez. La deuxième fois, écrivez. Puis réécoutez le premier enregistrement pour corriger.

_____

_____

_____

_____

_____

_____

_____

_____

_____

# EXERCICES ECRITS

## PAROLES

**A. Vive la différence!** A côté de chaque expression, mettez son contraire. Utilisez le vocabulaire du chapitre.

1. un étranger _____

2. une résidente légale _____

3. l'acceptation de l'égalité des races _____

4. une manifestation paisible _____

5. obéir aux lois _____

6. être jugé innocent(e) _____

7. déporter des immigrés _____

**B. Pourquoi immigrer?** Il y a beaucoup de motivations. Donnez-en une qui soit logique pour chacun des cas suivants.

    a. pour échapper à une situation politique opprimante
    b. pour poursuivre des rêves idéologiques
    c. pour vivre l'aventure
    d. pour trouver un meilleur travail
    e. pour sortir d'un milieu social trop fermé
    f. pour échapper à l'antisémitisme

1. _____ Mohammed vit sous la dictature depuis 10 ans.

2. _____ Sylvie veut découvrir d'autres cultures pendant qu'elle est jeune.

3. _____ Malgré son diplôme universitaire, Paulo ne peut trouver que du travail manuel.

4. _____ Vladimir a toujours voulu vivre dans un pays capitaliste.

5. _____ Nicolas et tous ses copains font le trafic des drogues depuis l'âge de 12 ans mais maintenant il veut changer de vie.

6. _____ Abraham est juif et il est toujours victime des préjugés.

**C. La vie en société.** Complétez le texte avec les mots appropriés. Rajoutez un article s'il le faut.

Ce sont _____[1] qui règlent la vie en société et qui donnent aux citoyens

certaines obligations et aussi certains _____[2]

    Pour montrer leur mécontentement, les gens peuvent participer (à)

_____,[3] (à) _____[4] ou (à)

_____[5] Cependant, pour rester en règle, il faut toujours respecter les

ordres (de) _____,[6] ceux qu'on appelle familièrement

_____[7]

    Les gens qui _____[8] des crimes sont _____[9]

en justice. S'ils sont jugés _____,[10] ils seront condamnés à diverses

_____[11]

Bien des gens acceptent les différences ethniques et raciales. Grâce à eux,

_____12 peut diminuer. Mais en face, il y a d'autres gens qui ont toujours

_____13 et qui perpétuent ainsi _____.14

**D. La vie en société (suite).** Exprimez vos opinions sur la société américaine en complétant ces phrases. Ajoutez autant de détails que possible.

1.  En principe, tous les Américains, y compris les étrangers qui habitent le pays, ont le droit de ____
    _____
    _____

2.  Les étrangers n'ont pas droit à _____
    _____
    _____

3.  Certains Américains craignent la concurrence des _____
    _____ parce que _____
    _____

4.  A mon avis, la menace la plus importante aux Etats-Unis est _____
    _____
    _____

5.  Les immigrés qui s'intègrent le mieux dans la société américaine sont ceux qui _____
    _____
    _____

## STRUCTURES

**A. La forme d'abord! (suite).** Pouvez-vous bien écrire le subjonctif présent qui correspond à l'indicatif?

1.  je fais / que _____
2.  nous sommes / que _____
3.  elles ont / qu'_____
4.  tu ne peux pas / que _____
5.  vous descendez / que _____
6.  il prend / qu'_____
7.  tu sais / que _____
8.  je finis / que _____
9.  elles vont / qu'_____
10. il s'intègre / qu'_____

**B. De deux phrases une!** Combinez les deux phrases en une en utilisant un verbe au subjonctif ou un infinitif selon le cas.

MODELES:  a.  Je propose / j'établis des contrôles. →
Je propose d'établir des contrôles.

b.  Je propose / le gouvernement établit des contrôles. →
Je propose que le gouvernement établisse des contrôles.

1.  Je ne pense pas / il est nécessaire d'établir des contrôles plus stricts.

_____

_____

2.  Je doute / les immigrés veulent s'intégrer dans notre société.

_____

_____

3.  Je veux / j'aide des immigrés.

_____

_____

4.  Il est temps / le gouvernement fait quelque chose de décisif.

_____

_____

5.  Les immigrés ont peur / les immigrés trouvent partout de l'hostilité.

_____

_____

6.  Beaucoup de citoyens regrettent / les immigrés sont victimes de racisme.

_____

_____

**C.  Une soirée entre copains.** Complétez les phrases suivantes avec une conjonction ou une préposition selon le cas.

MODELES:  Pierre attend Nicole *pour* faire des courses.

Pierre attend Nicole *pour qu'*elle fasse le ménage.

1.  Pierre attend Nicole pour 18h. Il aura fini ses devoirs _____ elle n'arrive.

2.  Pour sa part, Nicole prendra du pain et du vin _____ arriver chez Pierre.

3.  Ensuite ils finiront les préparatifs _____ pouvoir recevoir leurs copains sans

être stressés.

4.  Ils attendront _____ tout le monde arrive _____ servir

l'apéritif.

5.  _____ il pleuve, ils ont l'intention de dîner sur la terrasse.

6.  Après le repas, ils serviront le café dans le séjour _____ leurs invités n'aient pas

trop froid la nuit venue.

7. _____ repartir et _____ elle ait cours demain à 8h, Nicole

aidera Pierre à faire la vaisselle.

**D. A votre avis: quels droits pour les immigrés?** Utilisez une expression de chaque colonne pour formuler des phrases. Suivez le modèle.

MODELE:   Je pense que les immigrés ont droit à un salaire égal pour un travail égal.

| | | |
|---|---|---|
| Il se peut que | | avoir droit à |
| Le gouvernement propose que | | avoir le droit de |
| On dit que | les immigrés | vivre aux dépens de |
| C'est dommage que | ils | s'intégrer |
| Je sais que | | s'adapter à |
| Nous voulons tous que | | abuser de |

1. _____

_____

2. _____

_____

3. _____

_____

4. _____

_____

5. _____

_____

6. _____

_____

**E.   Une grève à l'université.** Vous êtes le/la représentant(e) des étudiants qui font grève à votre université. Préparez-vous à exprimer vos idées auprès des professeurs et du recteur. Complétez donc les phrases de façon imaginative et perspicace. Utilisez le subjonctif ou l'indicatif selon le cas.

1.   Il est vrai que _____

_____

2.   C'est dommage que _____

_____

3.   Nous trouvons que _____

_____

4.   Mais nous ne voulons pas que_____

_____

5.   Il faut absolument que _____

_____

6.   Enfin, nous pensons que _____

_____

# POUR LE PLAISIR DE LIRE

## Marie Galanti

### Marie Galanti: Directrice de journal

Marie Galanti is director of the *Journal Français d'Amérique*, a French language newspaper published in San Francisco and New York.

    In the following interview, Marie Galanti describes her experience as a French speaker growing up in English-speaking Canada. She also talks about the current political situation in Quebec, and compares French-Canadian and American culture.

◆

*Tout d'abord, un peu d'histoire personnelle. Où êtes-vous née? Quelles études avez-vous suivies? Quel travail avez-vous fait avant d'arriver à votre poste actuel de directrice du* Journal Français d'Amérique?

Je suis d'origine canadienne, née à Montréal. J'ai fait presque toutes mes études au Canada, avec l'intention de devenir professeur, ce que j'ai fait pendant plusieurs années. J'ai également fait des manuels scolaires,° ce sont eux qui m'ont conduite au journalisme. Cela fait presque douze ans que je suis au *Journal Français d'Amérique* et j'ai cessé d'enseigner il y a plus de huit ans.

    **manuels... livres de classe**

*Parlons un peu du bilinguisme au Canada où le français et l'anglais coexistent, non sans difficultés. Pourriez-vous nous parler un peu des deux langues, des tensions qu'elles ont produites dans votre enfance?*

C'est une question importante. Je vais d'abord en parler à un niveau strictement personnel, ensuite nous pourrons aller plus loin. Je suis née dans une famille francophone, nous parlions français à la maison. Mes parents, quand nous étions très petits, ont voulu nous enseigner un peu d'anglais. Nous apprenions quelques mots, mais nous n'étions pas en fait de très bons élèves. Comme nous nous exprimions toujours en français, nous n'étions pas du tout conscients du fait qu'il serait utile de parler une autre langue.

    Cela a changé quand j'avais neuf ans. Nous avons alors quitté un quartier totalement francophone pour emménager° dans un quartier bilingue, «La côte des neiges», à Montréal. Un an après notre installation dans ce quartier, mes parents ont décidé de m'envoyer à l'école anglaise. La transition a été alors très abrupte car c'est non seulement un changement de langue mais aussi un changement de mentalité. A l'époque, mes professeurs étaient des religieuses° alors que l'école anglophone était complètement laïque.° L'attitude et la discipline étaient très différentes. J'ai suivi des études en anglais jusqu'à l'université et à la maison nous continuions à parler français.

    **habiter**

    **nuns**
    **mot ap.**

    Et l'on comprend les frustrations que cela peut causer; on se dit: «Ce n'est pas juste, je suis francophone dans une province où 80% des gens sont francophones et moi, je dois parler anglais pour gagner ma vie, tandis que les autres, la minorité de 20%, n'a pas à faire d'efforts».

    Cela situe le contexte des années 65, période marquée par le début de grandes tensions et revendications,° assez violentes parfois. On mettait des bombes dans les boîtes aux lettres, des groupes terroristes s'étaient formés. On peut

    **protestations**

comprendre la colère des Canadiens français—à l'époque, ils se définissaient comme tels—et leur frustration face à une telle injustice.

*De nos jours, quelle est la situation des francophones au Québec et dans les autres provinces du Canada? Parle-t-on toujours du Québec libre?*

Non. Vous savez, il y a quelques années, il y a eu un référendum au Québec. Je vais revenir un peu en arrière. J'ai fait allusion à des manifestations violentes dans les années 60, mais il y a eu très peu de violence en fait. On a appelé la révolution du Québec «La révolution tranquille». Il n'y a pas eu de guerre civile. Les manifestations ont été relativement calmes dans le contexte d'une révolution. Mais ce qui s'est passé, et qui est beaucoup plus important, c'est la prise de conscience de la part des gens que quelque chose devait changer, que ce n'était pas juste. Et qu'il fallait, nous, Canadiens français, prendre notre avenir en main. Les mots d'ordre à l'époque étaient: «Etre maîtres chez nous».

Il y a eu l'arrivée au pouvoir du Parti québécois qui avait promis pendant la campagne électorale l'indépendance du Québec. Ils ont travaillé à cela pendant plusieurs années. Mais quand le moment est venu de demander aux gens: «Voulez-vous que le Québec soit indépendant?», ils ont dit non. Cela a fermé la parenthèse, ce qui ne veut pas dire que les gens n'ont pas acquis° énormément de choses.    obtenu

Maintenant, les Canadiens français se définissent en tant que Québécois. Ce ne sont pas des Canadiens qui parlent français, ce sont des Québécois qui sont fiers de leur identité. Toutes ces transformations dans la vie sociale et éducative du Québec ont porté leurs fruits. Maintenant, on peut faire en français au Québec, les Anglais parlent français ou dans le cas contraire quittent le Québec.

Les nouveaux immigrants savent qu'ils vont faire leur vie en français au Québec. Mais au plaisir de parler la langue s'ajoute le plaisir de s'ouvrir sur l'Amérique et sur le monde. Prenez la situation du tiers monde: il est très souvent francophone, beaucoup de pays africains sont francophones. Ces gens ont besoin de l'expérience et de l'assistance technique nord-américaine. A qui vont-ils s'adresser? Aux Américains, qui ne parlent pas français? Non, ils vont se tourner vers les Québécois qui sont des Nord-Américains. Ils ont les traditions, les coutumes et l'esprit pragmatique des Américains, mais ils s'expriment en français. Il n'y a plus besoin de revendications, il n'y a plus besoin de dire: «Je refuse de parler anglais, car c'est la langue de l'ennemi». Les jeunes parlent anglais mais cela ne change en rien leur identité francophone et je trouve que cela est une évolution merveilleuse de ces vingt dernières années.

*Pouvez-vous comparer le degré d'américanisation en France et au Québec?*

Disons qu'il n'y a pas de comparaison parce que le Québec est américain, il n'y a donc pas d'américanisation du Québec. Au Québec, nous sommes des Américains qui parlons le français. En fait, un Américain qui va à Montréal et au Québec ne voit aucune différence dans la façon de manger, de s'habiller, même dans les systèmes scolaires. Il n'y a pas de différences fondamentales dans les structures sociales, ni dans les habitudes. Au Québec, vous allez manger du «poulet frit à la Kentucky», on ne vous fera pas manger des escargots ou des cuisses de grenouilles.

Cela dit,° il reste des façons latines d'agir, de penser, ce que l'on appelle la    cela... après avoir dit joie de vivre et je pense que cela a un fondement. Gilles Vigneault dit: «Mon    cela peuple est un peuple de causerie». C'est vrai. Les Québécois aiment se retrouver, aiment parler, discuter. Donc de ce côté-là ils sont plus français qu'américains.

La France est un phénomène plus complexe. Depuis quelques années, l'Amérique est à la mode en France. En France, vous allez rencontrer des gens qui vont se faire un point d'honneur° à vous dire: «Je pense à l'américaine, je fonctionne à l'américaine, je comprends les Américains et j'aime beaucoup leur façon de penser et je m'identifie à eux». Qu'est-ce que cela veut dire pour eux? Je pense que c'est avoir une approche pragmatique de la vie, c'est-à-dire avoir les pieds sur terre, ne pas être rêveur. Cela veut dire être actif, dynamique. Créer, fonder. Ça, c'est la mode en France. De plus en plus de petites entreprises, de nouvelles publications s'adressent aux nouveaux patrons et cela va dans le sens du contexte américain.

*se... to make it a point of honor*

## AVEZ-VOUS COMPRIS?

**A.** Complétez.

1. Marie Galanti est née à _____. 2. Jusqu'à l'âge de neuf ans Marie Galanti a parlé surtout _____. 3. Au Québec, _____% des gens sont francophones. 4. Dans les années 60 il y a eu des _____. 5. Dans les années 60, ceux qui parlaient français au Québec se nommaient _____. Aujourd'hui, ils se nomment _____. 6. Pendant sa campagne électorale, le Parti québécois avait promis _____ du Québec. Mais au moment de l'élection les Québécois ont voté _____. 7. Marie Galanti dit que les Québécois peuvent offrir de l'assistance technique aux pays _____ africains.

**B.** Décrivez le rôle de l'anglais et du français dans la vie de Marie Galanti. A quelle époque ne parlait-elle que le français? Quand a-t-elle appris l'anglais?

**C.** Expliquez le sentiment d'injustice que les Canadiens français ont ressenti pendant les années 60.

**D.** Quelles différences et similarités Marie Galanti mentionne-t-elle entre le Québec et la France?

# THEME V

CHAPITRE **13**

## EXERCICES ORAUX

## A l'écoute de la vie

### AVANT D'ECOUTER

Si on vous demandait, aujourd'hui, de dire quels sont vos aliments préférés, qu'est-ce que vous diriez?

AU PETIT DEJEUNER

_____

_____

_____

AUX REPAS

hors-d'œuvre _____

plat principal _____

légumes _____

dessert _____

Maintenant, si la question s'appliquait à vos goûts lorsque vous étiez enfant, est-ce que les réponses seraient les mêmes?

AU PETIT DEJEUNER

_____

_____

_____

AUX REPAS

hors-d'œuvre _____

plat principal _____

légumes _____

dessert _____

L'interview que vous allez entendre va vous permettre de comparer vos réponses avec celles de trois enfants français.

### A L'ECOUTE

**A.** Ecoutez le début de l'interview et donnez l'âge des trois enfants et ce qu'ils aiment manger au petit déjeuner.

|  | AGE | PETIT DEJEUNER |
|---|---|---|
| 1. Marina | _____ | _____ |
| 2. Samuel | _____ | _____ |
|  |  | _____ |
| 3. Karine | _____ | _____ |

**B.** Ecoutez le reste de l'interview et complétez le tableau suivant sur ce que les trois enfants aiment manger aux repas.

|  | MARINA | SAMUEL | KARINE |
|---|---|---|---|
| Hors-d'œuvre |  |  |  |
| Plat principal |  | croissants fourrés | croque-monsieur |
| Légumes |  |  |  |
| Dessert |  |  |  |

**C.** Ecoutez encore une fois et répondez.

1.  Qu'est-ce que Karine ne digère pas? (digérer = *to digest*)

     _____

2.  Qu'est-ce que c'est qu'une salade composée? Donnez deux exemples.

     _____

     _____

     _____

3.  Qu'est-ce que les plats principaux mentionnés par Samuel et Karine ont en commun?

     _____

**D.** Analysez les réponses des trois enfants français et comparez-les avec vos réponses à vous. Est-ce que certaines des différences sont des différences culturelles? Lesquelles?

_____

_____

_____

_____

_____

_____

_____

# A vous la parole

## PHONETIQUE

**Vowel Timbre: [ə], [e], [y], [a]**

You have already studied three of the vowel sounds listed above: [ə] as in **de**, [e] as in **des**, and [y] as in **du**. The fourth sound, [a], is quite similar to an English vowel sound: the *ah* sound in the word *father*, for example.

Speakers of American English need to pay special attention in order to distinguish the four vowel sounds clearly and to avoid replacing any of them with the schwa, the *uh* sound in *about*, *cut*, *the*.

Now turn on the tape, listen to the following groups of articles, and repeat them after the speaker.

1. le, la, les
2. du, de la, des, de

**A. Le, la, les.** Voici des groupes de substantifs sans articles. Prononcez-les avec l'article défini correct (**le, la, les**). Faites attention aux voyelles.

1. croissant, confiture, tartines
2. crudités, soupe, crabe
3. homard, fruits de mer, quiche
4. purée, maïs, carottes
5. salade, fromage, fruits
6. yaourt, petits gâteaux, glace

**B. Serge n'aime pas les légumes!** A table, votre petit cousin Serge n'est pas un bon compagnon de voyage. Il n'aime rien! Vous êtes au restaurant et le serveur propose un choix de légumes. Répondez au serveur selon le modèle.

> MODELE: *Vous entendez:* Peut-être des carottes...
> *Vous répondez:* Des carottes? Non, ne lui apportez pas de carottes; il ne les aime pas.

1. ... 2. ... 3. ... 4. ... 5. ...

## PAROLES

**A. Devinette.** Ecoutez les descriptions suivantes, puis dites de quoi on parle.

> MODELE: *Vous entendez:* C'est le premier repas de la journée.
> *Vous répondez:* C'est le petit déjeuner.

1. ... 2. ... 3. ... 4. ... 5. ... 6. ...

**B. Un grand dîner.** Ecoutez le garçon qui vous propose plusieurs choix, puis dites de quel plat il parle: *hors-d'œuvre, entrée, plat principal, fromages, dessert.*

> MODELE: *Vous entendez:* Il y a du potage aux champignons et du pâté de campagne.
> *Vous répondez:* Le garçon propose des hors-d'œuvre.

1. ... 2. ... 3. ... 4. ... 5. ... 6. ...

**C. Qu'est-ce qu'on va boire?** Ecoutez les descriptions et décidez ce que ces personnes vont boire. Réponses possibles: bière, vin rouge, vin blanc, chocolat, café au lait, lait, jus de fruit.

> MODELE: *Vous entendez:* Pierrot a 10 ans et il se prépare à partir pour l'école.
> *Vous répondez:* Pierrot va prendre du chocolat.

1. ... 2. ... 3. ... 4. ... 5. ... 6. ...

**D. Chacun son goût!** Ecoutez cinq jeunes Français parler de leurs habitudes de table. A la fin de chaque petit discours, vous entendrez une question. Donnez votre réponse.

1. (Martine)
2. (Frédéric)
3. (Daniel)
4. (Louise)
5. (Raoul)

## STRUCTURES

**A. Au féminin.** Vous allez entendre des phrases dont le sujet est masculin. Transformez ces phrases au féminin. (Répétez la réponse modèle.)

> MODELE: *Vous entendez:* Le père est heureux.
> *Vous répondez:* La mère est heureuse.

1. ... 2. ... 3. ... 4. ... 5. ... 6. ...

**B. Au jardin zoologique.** Mettez chacune des phrases suivantes au pluriel. Attention aux articles et aux pluriels irréguliers. (Répétez la réponse modèle.)

     MODELE:   *Vous entendez:*  L'éléphant est énorme.
                      *Vous répondez:*  Les éléphants sont énormes.

1. ... 2. ... 3. ... 4. ... 5. ...

**C. Un dîner à oublier!** Vous venez de rentrer d'un dîner au restaurant L'Etoile Noire qui ne vous a pas du tout plu. Regardez ce restaurant sur le dessin et répondez aux questions de votre copain. Attention aux articles qui changent et à ceux qui ne changent pas.

1. ... 2. ... 3. ... 4. ... 5. ...

**D. Qu'est-ce qu'ils prennent?** Regardez le dessin, puis répondez aux questions en faisant preuve d'imagination et de logique! Mettez le pronom relatif **qui** dans votre réponse.

     MODELE:   *Vous entendez:*  Que mange le garçon qui regarde la télé?
                      *Vous répondez:*  Le garçon qui regarde la télé mange une pomme.

1. ...    2. ...    3. ...    4. ...    5. ...

**E.  Qu'est-ce que vous aimez?** Votre hôtesse française vous pose des questions sur vos préférences culinaires. Ecrivez votre réponse en suivant l'un des modèles.

> MODELES:  a.  *Vous entendez:*  Les tomates, par exemple?
> *Vous écrivez:*  Oui, je mange beaucoup de tomates; je les aime bien.
>
> b.  *Vous entendez:*  Les betteraves, par exemple?
> *Vous écrivez:*  Non, je ne mange pas beaucoup de betteraves; je ne les aime pas trop.

1. _____
2. _____
3. _____
4. _____
5. _____
6. _____

# Dictée

Vous entendrez la dictée deux fois. La première fois, écoutez. (L'ordre des plats va peut-être vous sembler bizarre, mais ne vous inquiétez pas.) La deuxième fois, écrivez. Réécoutez ensuite le premier enregistrement pour corriger. A la fin, recopiez la dictée en mettant les plats dans un ordre plus logique, du point de vue d'un Français.

1. _____

_____

_____

_____

_____

_____

2. _____

_____

_____

_____

# EXERCICES ECRITS

## PAROLES

**A. Quel petit déjeuner?** Raymond prend toujours un petit déjeuner à la française alors que son copain Jérémy déjeune le plus souvent à l'anglaise. Pour chaque aliment, indiquez qui le prendra: R (Raymond), J (Jérémy) ou les deux (R + J).

1. _____ des œufs
2. _____ du pain grillé
3. _____ une tartine
4. _____ du café
5. _____ un yaourt

6. _____ de la viande
7. _____ un croissant
8. _____ des céréales
9. _____ du thé
10. _____ du chocolat chaud

**B. Le menu.** Mettez les plats à droite dans la section convenable du menu. Rajoutez un article indéfini (ou un article partitif pour les fromages).

LES HORS-D'ŒUVRE

_____

_____

_____

LES ENTREES

_____

_____

_____

LES PLATS GARNIS

_____

_____

_____

LES FROMAGES

_____

_____

_____

LES DESSERTS

_____

_____

_____

gâteau maison
crudités variées
steak-frites
escargots à la provençale
potage aux champignons
coquilles St-Jacques
pont-l'évêque
tarte aux abricots
agneau au curry
chèvre frais
côtes de porc
glace à la fraise
huîtres
camembert
pâté de campagne

**C. Quelles boissons?** Proposez un choix entre deux boissons aux personnes suivantes. Utilisez un article partitif. Proposez chaque boisson une seule fois!

AU PETIT DEJEUNER

1. un enfant de 6 ans _____

2. un étudiant (à l'université) _____

AU DEJEUNER

3. votre professeur de français _____

4. un élève de collège _____

AU DINER

5. une Française _____

6. un monsieur au régime _____

**D. Vous désirez?** Vous êtes en France dans un petit restaurant où vous voulez dîner à la carte. La serveuse vous pose des questions. Complétez le dialogue en consultant la carte ci-dessous.

## L'HIPPO FUTÉ 73,00 F
Salade Hippo
Faux filet grillé (240 g)
sauce poivrade
Pommes allumettes

### LES VINS EN PICHET (31 cl)
BORDEAUX ROUGE A.C. _____ 23,00 F
GAMAY DE TOURAINE A.C. _____ 17,00 F

### LES ENTRÉES
ASSIETTE DU JARDINIER _____ 29,00 F
TERRINE DU CHEF _____ 27,00 F
COCKTAIL DE CREVETTES _____ 30,00 F
SALADE DE SAISON _____ 13,00 F

### LES GRILLADES
*avec sauce au choix.*

FAUX FILET MINUTE _____ 59,00 F
*Tellement goûteux qu'il plaît aussi à ceux qui l'aiment «bien cuit».*

T. BONE _____ 89,00 F
*Tranche à l'américaine, avec le filet et le faux filet de part et d'autre de l'os en T. 2 qualités de viande dans le même morceau d'environ 380 g.*

PAVÉ _____ 69,00 F
*Tranché dans le cœur des rumsteaks, c'est une tranche maigre et épaisse (conseillé pour ceux qui aiment «rouge»).*

ENTRECÔTE _____ 69,00 F
*Un morceau qui permet à ceux qui aiment «bien cuit» d'apprécier cependant la bonne viande.*

CÔTE «VILLETTE» _____ 184,00 F
*Pour 2 affamés d'accord sur la même cuisson. 850 grammes environ.*

CÔTES D'AGNEAU _____ 73,00 F

### LES FROMAGES
BRIE DE MEAUX AUX NOIX _____ 23,00 F
FROMAGE BLANC NATURE _____ 15,00 F

### LES DESSERTS
MOUSSE AU CHOCOLAT _____ 22,00 F
TARTE AUX FRUITS _____ 29,00 F

### LES GLACES
COUPE HIPPOPOTAMUS _____ 26,00 F
*(glace rhum, sauce rhum, chantilly).*

PARADIS NOISETTE _____ 29,00 F
*(glace noisette, sauce chocolat, amandes grillées).*

VACHERIN ROYAL _____ 31,00 F
*(meringue, glace vanille, glace caramel, sauce chocolat, chantilly).*

### LES SORBETS
POIRE _____ 22,00 F
FRUIT DE LA PASSION _____ 22,00 F

*Prix effectifs au 01/04/88 et sujets à variation sans préavis.*
**PRIX SERVICE COMPRIS (15 %)**

LA SERVEUSE: Bonsoir. Prenez-vous un apéritif pour commencer?

VOUS: _____

LA SERVEUSE: Qu'est-ce que vous prenez comme entrée?

VOUS: _____

LA SERVEUSE: Et ensuite, comme plat garni?

VOUS: _____

LA SERVEUSE: Et quelle cuisson pour la viande?

VOUS: _____

LA SERVEUSE: Et ensuite, un fromage, un dessert, une glace?

VOUS: _____

LA SERVEUSE: Et comme boisson?

VOUS: _____

## STRUCTURES

**A. Du singulier au pluriel.** Mettez ces expressions au pluriel. Attention aux articles qu'il faut aussi changer.

1. le genou _____

2. l'œil bleu _____

3. un feu d'artifice _____

4. un chou à la crème _____

5. un travail culinaire _____

6. un clou de girofle (*clove*) _____

7. une salle à manger _____

8. un hors-d'œuvre _____

9. un monsieur _____

10. Mademoiselle _____

**B. Masculin et féminin.** Donnez la forme féminine qui correspond au masculin ou vice versa. N'oubliez pas que parfois ce sera la même forme!

1. mesdames _____

2. un secrétaire _____

3. une chanteuse _____

4. un professeur _____

5. une étudiante _____

6. une vedette de cinéma _____

7. un grand-père _____

8. des jeunes filles _____

**C. Une histoire décousue!** Complétez les phrases suivantes en rajoutant les articles et les pronoms relatifs (**qui, que, dont**) qui conviennent.

# SUPER SUNDAES: UNE OASIS DANS LE DESSERT.

1.  C'est _____ histoire d'une jeune fille, Brigitte, _____ a suivi _____ régime (*diet*) pour maigrir.

2.  _____ régime _____ elle a choisi était très sévère.

3.  _____ plats _____ elle avait envie étaient tous interdits.

4.  _____ seul dessert _____, était permis, c'était _____ yaourt.

5.  Pas _____ glace, pas _____ pâtisseries, et seulement _____ yaourt nature.

6.  Pauvre Brigitte! Cette fille _____ aimait tant _____ bière et _____ vin était obligée de ne boire que _____ eau minérale.

7.  Un jour _____ elle était de mauvaise humeur, elle a vu _____ publicité de Volvic _____ sa mère lui avait parlé et _____ le titre était «A nous le bien-être».

8.  La fille _____ paraissait dans cette publicité était belle et souriante.

9.  En l'apercevant, Brigitte a crié: «Toi _____ as _____ air si contente, ce n'est pas toi _____ je veux devenir, ce n'est pas toi _____ je veux être!»

10. Et Brigitte s'est retournée et s'est regardée dans _____ glace _____ elle avait souvent voulu briser.

11. Cette fois pourtant, l'image _____ elle y a vue n'était pas _____ image _____ elle avait honte mais plutôt _____ image _____ la satisfaisait.

12. Sur le coup, elle a décidé qu'il était temps de prendre _____ glace, pas un peu _____ glace mais beaucoup _____ glace, peut-être un Super Sundae!

Comme dit le proverbe: «Le mieux est l'ennemi du bien-être.»

**D. Au restaurant, tout est relatif!** Complétez les phrases de façon plausible en tenant compte des pronoms relatifs. Réponses possibles:

> ... je ne comprends pas sur la carte
> ... j'ai oublié mon portefeuille
> ... je n'ai pas d'argent
> ... ne sont pas très grands
> ... on m'a parlé
> ... je n'ai pas envie de faire la cuisine

1. Je sors au restaurant chaque fois que _____

   _____

2. Je préfère les restaurants qui _____

   _____

3. Le plus souvent, je choisis des plats dont _____

   _____

4. Je pose beaucoup de questions au garçon ou à la serveuse pour apprendre tout ce que _____

   _____

5. Je n'oublierai jamais le soir où _____

   _____

**E. «Dis-moi ce que tu manges, et je te dirai qui tu es»** (A. Brillat-Savarin, gastronome). En choisissant un élément de chaque colonne, composez des phrases qui décrivent certaines de vos habitudes. Faites preuve de créativité.

| | | |
|---|---|---|
| Quand je suis triste | acheter | de la glace |
| Pour impressionner mes amis | manger | du jus de carottes |
| Quand je suis malade | boire | des escargots |
| La semaine des examens | refuser de goûter | de la pizza |
| Pour faire plaisir à mes parents | rêver | du café |
| ? | ? | ? |

1. _____

   _____

2. _____

   _____

3. _____

   _____

4. _____

_____

5. _____

_____

6. _____

_____

CHAPITRE **14**

# EXERCICES ORAUX

## A l'écoute de la vie

### AVANT D'ECOUTER

Quand vous pensez à la Polynésie et à ce que mangent les Polynésiens, qu'est-ce qui vous vient à l'esprit? Faites une liste.

_____

_____

_____

### A L'ECOUTE

**A.** Ecoutez une première fois en encerclant les aliments que vous aviez anticipés et qui sont réellement mentionnés dans le segment sonore.

**B.** Ecoutez une deuxième fois pour trouver la définition des termes suivants. Cochez toutes les réponses correctes.

1. Le taro    a. ☐ un fruit de la terre

            b. ☐ une racine (*root*)

            c. ☐ une viande

2. le fafa    a. ☐ des feuilles (*leaves*) qu'on mange crues

            b. ☐ des feuilles qu'on mange cuites

            c. ☐ des feuilles qu'on utilise pour envelopper le poulet, mais qui ne se mangent pas

3. le pain tahitien    a. ☐ un pain traditionnel à base de farine

            b. ☐ un fruit cru

            c. ☐ un fruit cuit

4. le ma'a    a. ☐ un terme général pour désigner la nourriture tahitienne

            b. ☐ la noix de coco

            c. ☐ le poisson cru

5. le mitihué     a.   ☐   du porc cuit sous terre

                  b.   ☐   une sauce au lait de coco

                  c.   ☐   ce dans quoi on trempe le ma'a

**C. Vrai ou faux?** Ecoutez encore et répondez.

|  | V | F |
|---|---|---|
| 1. Le poisson cru est d'abord macéré (*marinated*) dans du citron. | ☐ | ☐ |
| 2. La base de la nourriture des anciennes générations à Tahiti était le fafa. | ☐ | ☐ |
| 3. Le ma'a se mange avec les doigts. | ☐ | ☐ |
| 4. Les Tahitiens ne se servent pas souvent de fourchettes. | ☐ | ☐ |
| 5. La cuisine chinoise est très populaire à Tahiti. | ☐ | ☐ |
| 6. Les Tahitiens mangent beaucoup de légumes. | ☐ | ☐ |

**D.** Ecoutez une dernière fois et résumez.

Un repas traditionnel tahitien            Un repas ordinaire à Tahiti

_____     _____

_____     _____

_____     _____

_____     _____

# A vous la parole

PHONETIQUE

**Nasal Vowels:** [ $\tilde{\varepsilon}$ ], [ $\tilde{a}$ ], [ $\tilde{o}$ ]

There are three nasal vowel sounds in French. The mouth and lips take the same position to produce a nasal vowel as they do to produce the corresponding oral vowel. The difference occurs when you actually produce the sound. For a nasal vowel, you release air through the nose *and* the mouth; for an oral vowel, you release all the air through the mouth. Compare: **beau, bon.**

Turn on the tape and listen to the following pairs of words. The first word contains an oral vowel, and the second word contains the corresponding nasal vowel. Repeat the words after the speaker.

| [ε] | fais | | [ $\tilde{\varepsilon}$ ] | faim |
|---|---|---|---|---|
| | très | | | train |
| [a] | à | | [ $\tilde{a}$ ] | en |
| | sa | | | sans |
| [o] | eau | | [ $\tilde{o}$ ] | on |
| | mot | | | mon |

**A. Faisons les courses!** Répétez les phrases suivantes en distinguant bien les voyelles nasales des autres.

1. Allons dans les petits magasins.
2. Il faut prendre de la dinde.
3. Les enfants voudront des bonbons.
4. De combien de vin a-t-on besoin?
5. On n'en a plus à la maison.

**B. Comptons un peu!** Répondez à chacune des questions suivantes en utilisant le pronom **en** et le nombre entre parenthèses.

> MODELE: (15) →
> *Vous entendez:* Combien de bananes prendrez-vous?
> *Vous répondez:* Des bananes? J'en prendrai quinze.

1. (5)    2. (11)    3. (20)    4. (45)    5. (500)

## PAROLES

**A. Où faut-il aller?** Votre copine Mireille a une liste de provisions à acheter, mais elle ne sait pas où. Puisqu'elle veut éviter le supermarché, proposez-lui toujours un petit magasin. Réponses possibles: *la charcuterie, la pâtisserie, l'épicerie, la boucherie, la boulangerie, la poissonnerie.*

> MODELE: *Vous entendez:* J'ai besoin de sucre.
> *Vous répondez:* Du sucre? Tu en trouveras à l'épicerie.

1. ...    2. ...    3. ...    4. ...    5. ...    6. ...

**B. Robert est allé au supermarché.** Regardez les petites scènes ci-dessous. Répondez aux questions en utilisant une des expressions suivantes.

1.

2.

3.

4.

5.

6.

passer au rayon des jus de fruits
sortir du magasin
y mettre ses achats

prendre un chariot
payer en liquide
faire la queue à la caisse

**C. Dans la cuisine.** Ecoutez les descriptions suivantes, puis dites de quoi on parle. Vocabulaire utile: *une poêle, une livre, un couteau, un four à micro-ondes, le sel et le poivre, un frigo.*

> MODELE: *Vous entendez:* C'est un appareil que l'on utilise pour mélanger des ingrédients.
> *Vous répondez:* C'est un mixer.

1. ...  2. ...  3. ...  4. ...  5. ...  6. ...

**D. Au supermarché.** Imaginez que vous organisez une petite soirée pour des copains et que vous êtes en train de faire vos provisions. Qu'allez-vous prendre à chaque rayon? Ecrivez vos réponses.

1. _____
_____

2. _____
_____

3. _____
_____

4. _____
_____

5. _____
_____

## STRUCTURES

**A. Vous êtes sûr(e)?** Un groupe de vos copains préparent un gâteau. Répondez aux questions (répétées deux fois) avec le pronom **en** ainsi que la quantité.

> MODELE: *Vous entendez:* Est-ce que Marie a mis 200 grammes de beurre?
> *Vous répondez:* Oui, elle en a mis 200 grammes.

1. ...  2. ...  3. ...  4. ...  5. ...

**B. La vie quotidienne.** Gaston et Hélène sont à la maison. Commentez les dessins en répondant aux questions. Utilisez **y** ou **en** dans la réponse selon le modèle.

> MODELE: *Vous entendez:* Est-ce qu'Hélène va au supermarché?
> *Vous répondez:* Oui, elle y va.

1.

2.

«J'ai besoin de farine.»

3.

4.–5.

**C.  Ce n'est pas juste!** Vous vous sentez très seul(e): votre famille et vos amis sont partis en vacances sans vous. C'est la faute de votre patron qui a refusé de vous accorder des vacances. Répondez aux questions de votre patron en utilisant un pronom disjoint.

1. ...     2. ...     3. ...     4. ...     5. (Non) ...     6. (Non) ...     7. (Non) ...

**D.  Dans votre frigo.** Les frigos des étudiants renferment souvent des surprises! Qu'est-ce qu'il y a dans votre frigo en ce moment et en quelle quantité? Ecoutez les questions deux fois et ne cachez pas la vérité! (Si vous n'avez pas de frigo à vous, qu'est-ce qu'il y a dans un frigo de votre résidence ou dans le frigo d'un ami ou d'une amie?)

1. _____

_____

2. _____

_____

3. _____

_____

4. _____

_____

**E.  «Dis-moi ce que tu manges» (suite).** Arrêtez la cassette afin de relire le tableau ci-dessous. Ensuite, répondez par écrit aux questions que vous entendrez deux fois. Voici une structure utile:

Du riz? J'en mange $\left\{\begin{array}{l}\text{plus}\\\text{autant}\\\text{moins}\end{array}\right\}$ que le Français moyen.

## Ce que vous mangez

| | en plus | | | en moins | |
| --- | --- | --- | --- | --- | --- |
| | QUANTITÉ | ÉVOLUTION % | | QUANTITÉ | ÉVOLUTION % |
| Riz | 3,8 kg | + 58,3 | Pain | 50,6 kg | − 36,4 |
| Farine de blé | 4,2 kg | + 13,5 | Pâtes | 5,5 kg | − 25,7 |
| Confiture | 2,7 kg | + 50 | Pommes de terre | 57,8 kg | − 38,8 |
| Viande de boucherie | 23,7 kg | + 12,9 | Légumes secs | 1,5 kg | − 34,8 |
| Dont : Bœuf | | + 14 | Lait frais | 73,6 l | − 13,2 |
| Mouton-Agneau | | + 84,2 | Beurre | 7,7 kg | − 13,5 |
| Porc frais, salé | | | Huiles alimentaires | 10,9 l | − 9,9 |
| fumé | | + 29,7 | Sucre | 13,8 kg | − 31 |
| Volailles | | + 17,9 | | | |
| Charcuterie | 8,9 kg | + 30,9 | | | |
| Fromages | 14,4 kg | + 33,3 | | | |
| | | | Vin ordinaire | 48,8 l | − 38,1 |
| Apéritifs et liqueurs | 3,5 l | + 25 | Bière | 16,6 l | − 20,2 |
| | | | Cidre | 4,6 l | − 65,9 |

Quantités consommées à domicile par personne et par an en 1978–1980.
Évolution en % par rapport à la période 1965–1967 (*source: INSEE, 1982*).

1. _____

2. _____

3. _____

4. _____

# Dictée

Vous entendrez la dictée deux fois. La première fois, écoutez. La deuxième fois, écrivez. Puis réécoutez le premier enregistrement pour corriger. A la fin, répondez à la question.

_____

_____

_____

_____

_____

_____

_____

Qu'est-ce que ce marchand essaie de vendre?

a. du sucre      c. du poivre de Cayenne

b. des herbes de Provence      d. de la moutarde de Dijon

# EXERCICES ECRITS

## PAROLES

**A. Qu'est-ce que l'on y trouve?** A côté du nom des petits magasins suivants, indiquez par une phrase deux produits que l'on peut y acheter. Soyez original(e)!

MODELE: (une pâtisserie) → On peut y acheter une tarte aux abricots et des choux à la crème.

1. (une épicerie) _____

_____

2. (une charcuterie) _____

_____

3. (une boucherie) _____

_____

4. (une boulangerie) _____

_____

5. (une poissonnerie) _____

_____

6. (un marché en plein air) _____

_____

**B. Différentes sortes de produits.** Certains produits se vendent sous une seule forme. Par exemple, la confiture se vend toujours en conserve. D'autres produits existent sous plusieurs formes. Citez deux ou trois produits que vous pouvez acheter sous chacune des cinq formes indiquées ci-dessous. Réponses possibles: *des petits pois, de la glace, du sucre, du riz, des kiwis, des bananes, des pâtes, des asperges, du café, des céréales,* etc.

MODELE: (en conserve) → de la confiture, du thon, de la moutarde

1. (frais) _____

2. (en boîte) _____

3. (secs) _____

4. (en poudre) _____

5. (surgelés) _____

**C. Savez-vous mesurer?** Voici des extraits de recettes. Complétez-les avec la mesure qui convient.

1. une _____ de vin rouge

2. deux _____ de sel et une _____ de poivre

3. 500 _____ de farine

4. une _____ à soupe de moutarde

5. trois _____ de jambon

6. un _____ de 300 g de gruyère (fromage)

**D. Une cuisine de débutants.** Marc et Aline doivent équiper leur petite cuisine, mais avec le minimum possible parce qu'il n'aiment pas passer beaucoup de temps à préparer leurs repas. Aidez-les à décider ce qu'il vaudrait mieux acheter.

DES USTENSILES                    DES APPAREILS

_____        _____

_____        _____

_____        _____

_____

_____

Pouvez-vous justifier vos choix?

**E. Ce soir il y aura de la tourte à la mozzarelle!** Vous recevez un groupe de copains à dîner. Vous allez servir de la tourte à la mozzarelle comme plat principal. Etudiez la liste d'ingrédients, puis complétez les listes qui suivent.

---

**TOURTE A LA MOZZARELLE**

Préparation: 30 mn (attente 2 h + 15 mn) • Cuisson: 40 mn

Pour 6 personnes

400 g de mozzarelle • 200 g de jambon en très fines tranches • 5 tomates • 4 cuil. à soupe de parmesan râpé • 2 brins de basilic • sel, poivre

**Pour la pâte**

300 g de farine • 150 g de beurre + 20 g pour le moule • 4 œufs + 1 jaune pour dorer • 20 g de levure de boulanger • 2 cuil. de lait • sel

---

*Le menu:* Qu'est-ce que vous allez servir avec la tourte? et comme dessert? et à boire?

PLATS                             BOISSONS

tourte _____        _____

_____        _____

_____        _____

_____

*Votre liste de provisions:* magasins et quantité

SUPERMARCHE        _____        _____

5 tomates _____        _____        _____

_____        _____        _____

_____        _____        _____

_____        _____        _____

_____        _____        _____

*Votre emploi du temps pour la journée:*

| HEURE | ACTIVITE |
|-------|----------|
| 10h | fair les commissions |
| _____ | _____ |
| _____ | _____ |
| _____ | _____ |
| _____ | _____ |

## STRUCTURES

**A. Une recette «à la lettre».** Voici la recette des madeleines de Commercy que vous avez préparées la semaine dernière. Maintenant vous en décrivez la préparation dans une lettre à votre mère. Complétez avec les pronoms objets convenables: **me, le, la, les, y, en.**

---

### MADELEINES DE COMMERCY

Temps de cuisson, 15 mn • Pour 12 pièces

Passer ensemble au tamis le sucre et la farine. Ajouter les œufs à la spatule sans pour cela triturer trop la pâte. Ajouter alors le beurre cuit noisette. La pâte est mise à reposer pendant 1 h au frais, puis versée en moules spéciaux beurrés et farinés. Cuire à four chaud.

**125 gr. de sucre • 125 gr. de farine • 125 gr. de beurre • 2 œufs**

---

J'ai commencé avec le sucre et la farine. Pour le sucre, j'_____[1] ai mesuré 125 grammes et pour la farine aussi. J'ai pris le tamis et je _____ _____[2] ai passés. Ensuite j'ai ajouté les œufs: j'_____[3] ai ajouté deux. J'avais déjà préparé le beurre cuit noisette et je _____[4] ai rajouté.

Après, j'ai dû mettre la pâte à reposer pendant une heure au frais, mais j'ai décidé de _____[5] laisser sur la table de travail. En fait, je _____ _____[6] ai laissée 50 minutes et puis je _____[7] ai mise dans des moules spéciaux. Je _____[8] ai mise au four et je _____ _____[9] ai laissée une heure.

La recette était pour 12 pièces, mais je n'_____[10] ai fait que 10. C'était un peu dommage parce que le résultat était splendide! Je _____ _____[11] souviendrai longtemps!!

**B. Trop de courses.** Vous venez de rentrer d'un après-midi fatigant: il vous a fallu passer chez presque tous les marchands du quartier! Récrivez chaque phrase en remplaçant les mots en italique par des pronoms.

> MODELE: D'abord, je suis allé(e) *à l'épicerie.*
> D'abord, j'y suis allé(e).

1. J'avais besoin *de fruits de mer* pour servir en entrée. _____

_____

2. J'ai longuement parlé *au poissonnier.* _____

_____

3. Ensuite, je me suis arrêté(e) *chez le boucher* pour prendre *des escalopes de veau.* _____

_____

4. En sortant, je suis allé(e) *au marché en plein air* pour chercher *des légumes.* _____

_____

5. J'ai rencontré *le nouveau marchand de fromages qui vient d'arriver de Suisse.* _____

_____

6. Il m'a persuadé(e) d'essayer *sa raclette et son emmenthal.* _____

_____

7. Avant de rentrer, j'ai dû prendre un *pain de campagne à la boulangerie du coin.* _____

_____

8. En arrivant à la maison, je me suis souvenu(e) *du vin dont j'avais besoin.* _____

_____

**C. A vos ordres!** Votre petit frère veut vous aider à préparer un gâteau. Laissez-lui un petit mot (*note*) à lire en attendant votre arrivée. Récrivez les ordres suivants en remplaçant les mots en italique par un pronom.

MODELE: Cherche *la recette!* → Cherche-la!

1. Cherche *le moule à gâteau!* _____

2. Mets *la spatule et la cuillère en bois* sur la table! _____

3. Prends trois *œufs,* pas quatre! _____

4. Sors *la farine!* _____

5. Souviens-toi de préchauffer *le four!* _____

6. Ne mets pas *tes doigts* dans le sucre! _____

**D. Des appétits d'oiseau.** Complétez le texte suivant—un extrait de lettre que Camille envoie à sa sœur—avec des pronoms disjoints: **moi, toi, lui, elle, nous, vous, eux, elles.**

Ma camarade de chambre s'appelle Colette, et franchement, _____,[1] je n'ai jamais vu une fille pareille! Elle doit penser que je ne fais que manger parce que Colette, _____,[2] est mince comme un clou.

Hier, elle a invité deux copains et _____[3] à sortir ensemble au restaurant. Ses copains, je ne suis pas arrivée à m'habituer à _____.[4] Pourquoi? Parce qu'ils n'ont rien voulu manger de bon!

L'un, il s'appelait Quentin _____,[5] n'a pris qu'un blanc de poulet (élevé en liberté, bien sûr!), alors que l'autre, Bernard—c'était _____[6] qui était le plus méfiant—s'est contenté d'un jus de fruit auquel il avait rajouté des vitamines en poudre. Pour sa part, Colette, _____,[7] a commandé une salade aux pousses de bambou. Il n'y avait que _____8 qui ai commandé normalement: une pizza

double fromage et une bonne bouteille de bière allemande!

**E. Des personnes pas comme les autres.** Composez une ou deux phrases où vous décrivez cinq personnes que vous respectez beaucoup. Utilisez autant de pronoms disjoints que possible. Voici quelques expressions verbales utiles: *penser à, rêver à, avoir besoin de, avoir confiance en, se souvenir de, se fier à.*

MODELE:  Claudette est ma meilleure amie. Je peux toujours me fier à elle.

1. _____
   _____

2. _____
   _____

3. _____
   _____

4. _____
   _____

5. _____
   _____

CHAPITRE 15

## EXERCICES ORAUX

# A l'écoute de la vie

## AVANT D'ECOUTER

Imaginez que vous êtes dans un restaurant en France et qu'on vous apporte les menus suivants. En étudiant ces menus, quelles sont les questions qui vous viennent à l'esprit? A la page suivante, notez vos premières réactions, puis quelques questions que vous poseriez au serveur ou à la serveuse avant de commander.

### Menu Prix Net 120 F

*Foie Gras de Canard Maison* (supplément 10 F)
*Saumon Fumé avec Toasts* (supplément 10 F)
*Soupe de Poisson*
*Saumon Mariné à l'Aneth*
*Assiette de Crustacés Tièdes*
*Ballo tine de Canard au Foie Gras*

⌘

*6 Escargots de Bourgogne*
*Escalope de Saumon Beurre Blanc*
*Filet de Sole au Chablis*
*Lotte à l'Américaine*
*Saint-Jacques à la Provençale*

⌘

*Filet Mignon au Poivre Vert*
*Rognons de Veau à l'Estragon*
*Pavé de Bœuf au Roquefort*
*Turbot Grillé ou Poché* (supplément 10 F)
*Magret de Canard à la Bordelaise*
*Noisette d'Agneau aux Morilles* (supplément 10 F)

⌘

*Salade de saison*
*ou Plateau de Fromages*

⌘

*Dessert* (voir la carte)

*Soufflé au Grand Marnier* (supplément 15 F)
à commander au début du repas

### Menu Prix Net 95 F

*Saumon Mariné à l'Aneth*
*Soupe de Poisson Maison*
*Ballo tine de Canard au Foie Gras*
*Jambon de Bayonne*
*12 Escargots de Bourgogne*
*Assiette de Crustacés*

⌘

*Rognons de Veau à l'Estragon*
*Escalope de Saumon Beurre Blanc*
*Turbot Grillé ou Poché* (supplément 10 F)
*Filet de Loup au Chablis*
*Filet Mignon au Poivre Vert*
*Pavé de Bœuf au Roquefort*
*Magret de Canard Bordelaise*

⌘

*Salade de saison*
*ou Plateau de Fromages*

⌘

*Dessert* (voir la carte)

*Soufflé au Grand Marnier* (supplément 15 F)
à commander au début du repas

### DESSERTS

| | |
|---|---|
| *Assiette de Sorbet au Coulis* ............... | 25 F |
| *Poire Belle-Hélène au Chocolat Chaud* ...... | 21 F |
| *Melba aux Fruits de Saison* .............:.... | 21 F |
| *Feuilleté aux Fruits de Saison* ............. | 23 F |
| *Soufflé au Grand Marnier* (pour 2 personnes) ..... | 70 F |
| (à commander au début du repas) | |
| *Nougat Glacé* ......................... | 22 F |
| *Gratin de Fruits* ...................... | 25 F |

MAISON
**BOUCHARD PERE & FILS**
NÉGOCIANT AU CHATEAU BEAUNE COTE-D'OR

1. Premières réactions (exemple: «95F et 120F, voyons, ça fait combien en dollars?»)

_____

_____

2. Questions (sur ce que vous ne comprenez pas, etc.)

_____

_____

_____

## A L'ECOUTE

**A.** Ecoutez la séquence sonore une première fois en soulignant sur les menus tous les plats et desserts qui sont mentionnés dans la conversation.

**B.** Ecoutez encore et indiquez si ces phrases sont vraies (V) ou fausses (F).

|  |  | V | F |
|---|---|---|---|
| 1. | Ce restaurant est recommandé dans un guide. | ☐ | ☐ |
| 2. | Les deux clients pensent que les prix sont très raisonnables. | ☐ | ☐ |
| 3. | La dame adore les escargots. | ☐ | ☐ |
| 4. | La dame n'a pas suffisamment d'appétit pour commander le menu à 120F. | ☐ | ☐ |
| 5. | Le monsieur n'aime pas essayer des plats qu'il ne connaît pas. | ☐ | ☐ |
| 6. | Les clients demandent à la serveuse de décrire trois plats différents. | ☐ | ☐ |
| 7. | La dame a l'intention de commander de la glace comme dessert. | ☐ | ☐ |
| 8. | Le monsieur aime commander les spécialités régionales. | ☐ | ☐ |

**C.** Ecoutez encore et encerclez sur les menus ce que les deux clients commandent. Ecrivez à côté si c'est pour **lui** ou pour **elle**.

**D.** Ecoutez une autre fois en faisant attention aux détails qui suggèrent où le restaurant est situé.

1. Situation dans la ville: _____

2. Situation en France: _____

   Comment le savons-nous? _____

   _____

**E.** **Et vous?** Maintenant que vous en savez un peu plus sur ce restaurant, faites votre commande!

MENU A _____ FRANCS

Hors-d'œuvre: _____

(Entrée): _____

Plat principal: _____

Salade/fromage: _____

Dessert: _____

# A vous la parole

## PHONETIQUE

### Nasal Vowels (continued)

In written French, the letter **m** or **n** indicates that the vowel directly before it is nasalized. However, if the **m** or **n** is followed by an **e** or if the consonant is doubled, the vowel sound is no longer nasalized but becomes an oral vowel.

This rule is important for the pronunciation of certain present tense verb forms that you are studying in this lesson.

Now turn on the tape and repeat the following pairs of words after the speaker.

| VOYELLES NASALES | VOYELLES ORALES |
|---|---|
| plein | pleine |
| lampe | lame |
| nom | nommer |
| mien | mienne |
| vient | viennent |
| prend | prennent |

**A. Singulier ou pluriel?** Vous allez entendre des verbes conjugués à la troisième personne du présent. Si le verbe est au singulier, répétez-le, puis mettez-le au pluriel; s'il est au pluriel, répétez-le, puis mettez-le au singulier.

1. ... 2. ... 3. ... 4. ... 5. ... 6. ...

**B. Etre étudiant(e), c'est parfois pénible!** Répondez affirmativement aux questions suivantes en faisant attention aux voyelles nasales.

1. ... 2. ... 3. ... 4. ... 5. ...

## PAROLES

**A. A table!** Identifiez les objets dont vous entendez la définition.

> MODELE: *Vous entendez:* On l'utilise pour manger de la soupe.
> *Vous répondez:* C'est une cuillère à soupe.

1. ... 2. ... 3. ... 4. ... 5. ...

**B. Au restaurant.** Pouvez-vous «vous défendre» au restaurant? Répondez aux questions suivantes pour décider. Vocabulaire utile: *laisser un pourboire; demander la carte; dire «Monsieur, s'il vous plaît»; demander un couvert; commander un apéritif; demander l'addition.*

1. ... 2. ... 3. ... 4. ... 5. ... 6. ...

**C. Toutes sortes de régimes.** Ecoutez les descriptions, puis dites quelle sorte de régime ces gens suivent. Réponses possibles: *végétarien, amaigrissant, grossissant, sans sucre, sans produits laitiers.*

> MODELE: *Vous entendez:* Jacques fait de la musculation et il veut prendre du poids.
> *Vous répondez:* Jacques suit un régime grossissant.

1. ... 2. ... 3. ... 4. ...

**D. Boissons fraîches pour jours chauds.** Arrêtez la cassette et regardez bien cette publicité, puis répondez par écrit aux questions.

Boire frais c'est agréable, boire gai c'est sympathique. Pourquoi ne pas

# BOISSONS FRAICHES POUR JOURS CHAUDS

Service long drinks, la carafe et six verres: 55 F, Verreries champenoises dans les supermarchés Carrefour. Conservateur en terre cuite: 62 F, Culinarion. Parasol et table de jardin, Pier Import. Serviettes en papier, Monoprix.

1. _____

_____

2. _____

_____

3. _____

_____

4. _____

_____

5. _____

_____

## STRUCTURES

**A. Ici et maintenant!** Répondez au présent selon le modèle.

    MODELE: *Vous entendez:* Hélène va être au labo plus tard.
                   *Vous répondez:* Mais moi, je suis au labo maintenant.

1. ...    2. ...    3. ...    4. ...    5. ...    6. ...    7. ...

**B. Une petite sœur distraite.** Comme votre petite sœur n'est pas très observatrice, elle pose des questions dont les réponses sont évidentes. Répondez-lui avec impatience.

    MODELE: *Vous entendez:* Tu fais tes devoirs?
                   *Vous répondez:* Tu vois bien que je suis en train de les faire.

1. ...    2. ...    3. ...    4. ...    5. ...

**C. Rien ne changera!** Ecoutez les phrases suivantes, puis mettez-les au futur. (Répétez la réponse modèle.)

    MODELE: *Vous entendez:* Quand il pleut, je porte un parapluie.
                   *Vous répondez:* Quand il pleuvra, je porterai un parapluie.

1. ...    2. ...    3. ...    4. ...    5. ...    6. ...

**D. Depuis quand?** Vous entendrez quatre questions (répétées deux fois) auxquelles il faudra donner une réponse personnelle. Ecrivez les réponses.

1. _____

2. _____

3. _____

4. _____

# Dictée

Vous entendrez la dictée deux fois. La première fois, écoutez. La deuxième fois, écrivez. Puis réécoutez le premier enregistrement pour corriger.

_____

_____

_____

_____

_____

_____

_____

_____

# EXERCICES ECRITS

## PAROLES

**A. Savez-vous mettre la table?** Voici le menu d'un dîner que vous allez servir. De quoi aurez-vous besoin?

| | VAISSELLE | COUVERT |
|---|---|---|
| 1. un vin d'apéritif | _____ | _____ |
| 2. une soupe aux champignons | _____ | _____ |
| 3. un pâté de campagne | _____ | _____ |
| 4. un poulet à la basquaise garni | _____ | _____ |
| 5. du vin rouge | _____ | _____ |
| 6. un choix de fromages | _____ | _____ |
| 7. une tarte aux pommes | _____ | _____ |
| 8. du café noir | _____ | _____ |

**B. Déjeuner au Royal Chabanais.** Hier, vous avez reçu un prospectus (voir page 184), et aujourd'hui, vous voulez essayer le restaurant.

1. Pour réserver, à quel numéro allez-vous téléphoner?

   _____

2. Votre bureau se trouve sur les grands boulevards. Combien de temps allez-vous mettre pour arriver au restaurant?

   _____

3. Où allez-vous garer votre voiture?

   _____

4. Si vous décidez de prendre l'apéritif, combien serez-vous obligé(e) de payer en supplément?

   _____

5. Si vous choisissez le faux filet grillé, quelle cuisson voudrez-vous?

   _____

6. Si vous ne mangez pas à la carte, qu'est-ce que vous allez prendre?

   _____

7. Si vous prenez le menu sans boisson, quel sera le montant de votre addition?

   _____

**C.  Le panier à pique-nique.** Demain vous allez faire un pique-nique avec quatre copains. C'est à vous de préparer le panier. Qu'allez-vous y mettre?

3 types de sandwichs: _____

_____

_____

2 choses à manger avec les sandwichs: _____

_____

des fruits comme dessert: _____

_____

_____

3 boissons: _____

_____

_____

«vaisselle» et couverts: _____

_____

_____

_____

**D.  Savez-vous suivre un régime?** A côté du nom de chaque type de régime, écrivez deux phrases. Dans la première, indiquez deux ou trois mets recommandés pour ce régime et dans la seconde, indiquez deux ou trois mets à éviter.

1.  un régime végétarien

On peut prendre _____

On doit éviter _____

2.  un régime amaigrissant

_____

_____

3.  un régime grossissant

_____

_____

4.  un régime sans sucre

_____

_____

5.  un régime sans sel

_____

_____

## STRUCTURES

**A.  L'histoire d'un restaurateur.** Le propriétaire d'un petit restaurant nous décrit sa routine matinale. Complétez le texte avec la forme correcte du présent des verbes.

Ma femme et moi, nous _____¹ notre restaurant vers dix heures. Tout de suite, ma femme _____² les lampes que nous _____³ tous les soirs avant de partir, et moi, je _____⁴ dans la cuisine. A onze heures, les serveurs _____⁵ mettre le couvert et afficher la carte. Ces garçons _____⁶ difficiles; ils _____⁷ toujours de quelque chose. C'est en général vers midi que j'_____⁸ les premiers clients qui _____⁹ pour regarder la carte. C'est alors que nous _____¹⁰ le service du déjeuner.

apercevoir
disparaître
allumer
être
ouvrir
éteindre
se plaindre
s'arrêter
commencer
venir

**B. Depuis combien de temps?** Composez des phrases personnelles *au présent* avec les expressions indiquées.

MODELE: (faire mes devoirs) → Je fais mes devoirs depuis une heure.

1. (parler français) _____

_____

2. (connaître le professeur de français) _____

_____

3. (être à l'université) _____

_____

4. (habiter cette ville) _____

_____

5. (connaître ? ) _____

**C. Etes-vous prêt(e) pour l'avenir?** Donnez la forme correcte du futur.

1. payer: je _____

2. acheter: _____-tu?

3. appeler: elle _____

4. répéter: nous _____

5. venir: _____-vous?

6. aller: ils _____

7. faire: Monique _____

8. voir: nous _____

9. être: Paul _____

10. avoir: _____-tu?

11. pouvoir: je _____

12. vouloir: _____-vous?

**D. Qu'est-ce que l'avenir vous réserve?** Avez-vous des projets d'avenir? Complétez les phrases suivantes de façon réaliste.

1. Quand je recevrai mon diplôme, _____

_____

2. Dès que _____,

j'achèterai _____

3. Je voudrais _____

aussitôt que _____

4. Tant que _____,

je serai content(e).

5. La prochaine fois que _____,

je ne ferai plus la même erreur!

**E. Pourquoi êtes-vous contre?** Pourquoi préférez-vous un autre restaurant? Votre vieille tante Emilie vous propose de fêter votre anniversaire au restaurant Hippopotamus. Vous êtes d'un avis différent et avez choisi un autre restaurant (de votre invention) pour son décor et ses menus. Sur une autre feuille, écrivez une lettre à Tante Emilie où vous exprimez les raisons de votre choix. Utilisez les tournures suivantes.

| EXPLICATIONS | NUANCES | CONTRASTES |
|---|---|---|
| c'est-à-dire | en plus | par contre |
| c'est pour cela que | d'ailleurs | tandis que |

### L'HIPPO FUTÉ 73,00 F
Salade Hippo
Faux filet grillé (240 g)
sauce poivrade
Pommes allumettes

### LES VINS EN PICHET (31 cl)
BORDEAUX ROUGE A.C. _____ 23,00 F
GAMAY DE TOURAINE A.C. _____ 17,00 F

### LES ENTRÉES
ASSIETTE DU JARDINIER _____ 29,00 F
TERRINE DU CHEF _____ 27,00 F
COCKTAIL DE CREVETTES _____ 30,00 F
SALADE DE SAISON _____ 13,00 F

### LES GRILLADES
*avec sauce au choix.*
FAUX FILET MINUTE _____ 59,00 F
*Tellement goûteux qu'il plaît aussi à ceux qui l'aiment «bien cuit».*

T. BONE _____ 89,00 F
*Tranche à l'américaine, avec le filet et le faux filet de part et d'autre de l'os en T. 2 qualités de viande dans le même morceau d'environ 380 g.*

PAVÉ _____ 69,00 F
*Tranché dans le cœur des rumsteaks, c'est une tranche maigre et épaisse (conseillé pour ceux qui aiment «rouge»).*

ENTRECÔTE _____ 69,00 F
*Un morceau qui permet à ceux qui aiment «bien cuit» d'apprécier cependant la bonne viande.*

CÔTE «VILLETTE» _____ 184,00 F
*Pour 2 affamés d'accord sur la même cuisson. 850 grammes environ.*

CÔTES D'AGNEAU _____ 73,00 F

### LES FROMAGES
BRIE DE MEAUX AUX NOIX _____ 23,00 F
FROMAGE BLANC NATURE _____ 15,00 F

### LES DESSERTS
MOUSSE AU CHOCOLAT _____ 22,00 F
TARTE AUX FRUITS _____ 29,00 F

### LES GLACES
COUPE HIPPOPOTAMUS _____ 26,00 F
*(glace rhum, sauce rhum, chantilly).*

PARADIS NOISETTE _____ 29,00 F
*(glace noisette, sauce chocolat, amandes grillées).*

VACHERIN ROYAL _____ 31,00 F
*(meringue, glace vanille, glace caramel, sauce chocolat, chantilly).*

### LES SORBETS
POIRE _____ 22,00 F
FRUIT DE LA PASSION _____ 22,00 F

*Prix effectifs au 01/04/88 et sujets à variation sans préavis.*
**PRIX SERVICE COMPRIS (15 %)**

# POUR LE PLAISIR DE LIRE

## Georges Blanc

### Georges Blanc: Restaurateur

Georges Blanc represents the fourth generation of his family to run the restaurant and hotel *La mère Blanc* in Vonnas, a village in the wine country north of Lyon. Jean-Louis Blanc opened a small inn near Vonnas in 1872. Georges Blanc's two sons are currently studying to take over the family business.

*La Mère Blanc* has received the coveted three-star recommendation of the *Guide Michelin;* it was one of only nineteen such restaurants honored in France in 1991. Blanc also gives cooking demonstrations around the world, and is the author of several cookbooks in English as well as in French.

Fine cuisine and great chefs such as Georges Blanc are probably more revered in France than in the United States. Every March, when the new Michelin ranking of restaurants appears, there is enormous national interest. Any restaurant awarded two or three stars is besieged with reservation requests from all over the country. The chefs in these establishments become media personalities, just as Julia Child has in the United States.

Before you read the interview, think of a half dozen questions you would ask a world-famous chef if you had the opportunity. As you read, see if your questions are answered.

◆

*Pourriez-vous nous parler un peu de vous-même?*

Oui. Alors là, c'est une affaire familiale. Vous verrez dans l'histoire que je suis la quatrième génération de la famille ici. Mes parents m'ont un peu poussé pour faire ce métier. J'étais le seul garçon de la famille; il fallait continuer. J'avais une sœur, qui a onze ans de plus que moi, qui était mariée et qui n'était pas du tout dans le métier, et alors mes parents m'ont envoyé à l'école hôtelière. Mais je n'étais pas vraiment passionné par ce métier au début. Après avoir travaillé dans différentes maisons, je suis revenu ici dans l'affaire familiale et j'ai travaillé deux ans avec ma mère qui faisait une cuisine un peu différente de ce que je fais aujourd'hui. Ça, c'était dans les années avant 1970, c'est-à-dire avant qu'il y ait une certaine évolution, un certain changement, qu'on décrit comme «nouvelle cuisine». C'est à partir de ce moment-là que mes parents ont pris leur retraite. Moi j'étais très jeune à l'époque, j'avais vingt-trois ou vingt-quatre ans et je venais juste de me marier. Ma femme travaillait avec moi et c'est là que la passion s'est vraiment amplifiée, et je dois vraiment dire que dans la vie, jusqu'ici, j'ai eu beaucoup de chance, parce que j'ai toujours fait un métier que j'aime beaucoup; et je crois que c'est une chose essentielle dans la vie, de pouvoir se passionner pour sa vie professionnelle. Ça apporte beaucoup. Donc la propriété était déjà dans la famille, mais c'étaient toujours les femmes qui étaient en cuisine. Je suis donc le premier cuisinier de la famille, et la tradition va continuer, je crois: j'ai deux garçons, et l'aîné qui a vingt ans, il est déjà cuisinier. Il travaille chez un de mes amis, chez Marc Meneau, à Vézelay.

*Pourriez-vous expliquer le système d'étoiles du* Guide Michelin? *Depuis quand avez-vous la troisième étoile? Quelle a été votre réaction quand vous l'avez gagnée?*

Alors la troisième étoile est arrivée en 1981, et on a eu beaucoup de chance parce qu'il n'y a eu qu'une seule promotion cette année-là, et après il n'y en a pas eu

pendant trois ans. Ce qui fait que pendant trois ans on a été le dernier trois étoiles connu, très connu. Alors, disons que c'est le *Guide Michelin* qui édite chaque année une publication dans laquelle sont répertoriés tous les hôtels, et pour les meilleurs restaurants il délivre trois étoiles, ce qui vaut le voyage, ou deux étoiles qui mérite un détour, ou une étoile qui veut dire une bonne table, voilà. C'est un guide qui est édité en trois ou quatre langues. Ce sont des signes donc, qui correspondent à des normes de qualité. Voilà, les visites, ce sont des inspecteurs qui passent, on sait pas quand, anonymement.

*Quelles sont les caractéristiques uniques de votre restaurant?*

Alors, je crois qu'il y a d'abord la tradition familiale. C'est une maison qui a une histoire, un passé, ses vieux meubles, une famille qui continue. Tout ceci personnalise cette maison. Et puis, deuxième chose, c'est qu'on a réussi. J'ai compris très tôt quand j'ai pris la suite de mes parents qu'un restaurant, c'est un petit peu un endroit culturel où les gens viennent entre amis, en famille, partager un petit peu leurs émotions gourmandes, voyez, autour d'une table. On parle de ce qu'on mange, du mariage avec les vins, tout ça c'est très culturel. C'est bien dans l'esprit français. Mais je pense que ce mariage des mets° avec les vins c'est          plats
une chose; mais qu'il fallait aussi développer tout un environnement agréable, c'est-à-dire confortable, beau au niveau du décor, les vieux meubles, les couleurs, l'environnement de verdure, toutes les fleurs; la possibilité pour les gens de dormir ici sur place, la possibilité de pouvoir se détendre au bord de la piscine quand il fait beau, de faire un tennis, parce que tout ça concourt° à renforcer          contribue
l'esprit de fête. C'est-à-dire que les gens viennent l'après-midi, ils sont bien, ils se détendent, et donc ils sont mieux préparés, mieux réceptifs pour le moment de fête qu'ils vont passer à table. Ça, je crois que c'est une caractéristique de la maison. Que tout ça soit en harmonie, si vous voulez.

*Voudriez-vous nous décrire une journée typique dans la vie d'un chef?*

Bon. Je commence à huit heures trente. J'arrive. Je viens d'ouvrir le courrier. Je distribue le travail à tous les collaborateurs, les chefs de service. Après, j'ai tou-jours un, deux, trois rendez-vous dans la matinée avec des gens qui veulent me rencontrer. J'essaie de me protéger un petit peu: si c'est des choses qui peuvent être déléguées, je les fais discuter avec mes chefs de service. Et puis moi j'essaie toujours de dégager le plus de temps possible pour les idées, pour la création, parce que c'est la richesse de l'entreprise, c'est la capacité de renouvellement. C'est avoir les idées, contrôler la bonne application de ces idées, dans la cuisine et partout; et donner beaucoup de temps pour les clients, pour animer, pour inspirer, pour que les gens voient que cette maison a une âme° si vous voulez.

*soul*

Bon, en détail: un tout petit peu avant midi, je vais manger en dix minutes; après il y aura le service jusqu'à deux heures et demie. A deux heures et demie je vais aller faire un petit tour pour voir les clients dans la salle jusqu'à quatre heures et demie à peu près. Après, à quatre heures et demie, je vais arrêter pendant deux heures de travailler, pour aller dormir une heure, ou aller dans mes vignes,° ou aller faire un tour chez les antiquaires. Après, je mange à six heures et à sept heures moins le quart je suis de nouveau là, dans la cuisine. A huit heures moins le quart le service commence, et là je suis dans la cuisine jusqu'à dix heures et demie. Après, je vais voir les clients jusqu'à minuit, une heure.

*champs où on cultive le raisin*

*Comment décririez-vous la cuisine de votre restaurant?*

Moi, je suis, si vous voulez, un petit peu un homme de synthèse. Je ne pense pas qu'à priori une seule cuisine soit valable. Il faut, je crois, faire une synthèse de tout ce qu'il y a de bon. Souvent je fais un menu pure tradition: avec par exemple les écrevisses° à la nage que l'on mange avec les doigts, de très bonnes écrevisses, cuites simplement dans un court-bouillon au vin blanc; des grenouilles° que l'on mange aussi avec les doigts; et puis la fricassée de poulet de Bresse à la crème, comme faisait ma grand-mère.

*crayfish*
*frogs*

*Qu'est-ce que vous aimez dans votre travail? et qu'est-ce que vous n'aimez pas du tout? Recommanderiez-vous ce genre de travail à un jeune?*

Je crois, oui, que c'est un métier assez passionnant, mais qui comporte donc plusieurs parties. Il y a les gens qui travaillent dans la cuisine qui n'ont pas du tout le même travail que ceux qui sont au contact des visiteurs ici. Bon moi, j'ai l'avantage d'être aussi bien en cuisine qu'au contact des gens qui viennent ici. J'ai peut-être aussi l'avantage d'être le patron, donc je suis un petit peu maître de mon emploi du temps. Le matin quand je commence ma journée, ce qui est formidable c'est que je sais que je vais travailler beaucoup, mais que je vais un peu faire ce que j'ai envie de faire. Si aujourd'hui je veux m'occuper d'écrire pour mon livre, je vais écrire, parce que j'ai les idées, parce que ça me plaît de faire ça aujourd'hui. Je reconnais que c'est une chance.

Pour les jeunes, je crois que dans la cuisine il y a le côté création, l'impression de participer au travail d'une équipe qui est fière de gagner et d'être la meilleure si c'est possible; et c'est très enthousiasmant pour un jeune. Voilà, je crois que ceux qui travaillent au contact, dans le restaurant, avec les clients, c'est aussi une lourde responsabilité d'organiser la fête des gens, et il faut que les gens se sentent bien, qu'ils soient heureux, qu'ils soient à l'aise.

*Avec tous les régimes d'aujourd'hui, est-ce que les clients qui viennent chez vous commandent moins?*

Je crois que ce qui a changé dans la cuisine c'est qu'elle a évolué vers plus de légèreté.° Les gens préfèrent goûter à plusieurs choses avec plus de raffinement peut-être, et moins de grandes assiettes avec plein de choses. Ils préfèrent manger quatre plats plutôt que deux plats pleins.

*comparez: léger*

*Quel est l'avenir que vous prévoyez pour la grande cuisine en France?*

Je crois qu'il faut défendre la qualité avec beaucoup d'enthousiasme, et surtout encourager les gens qui font des produits de qualité. Dans la cuisine, la chose la plus importante, avant même le côté technique, c'est-à-dire la mise en œuvre des produits, c'est la qualité du marché. Alors, ça c'est essentiel, et il faut que les grands cuisiniers fassent cet effort de motivation chez les producteurs. D'ailleurs le livre que je fais pour les Etats-Unis est un livre qui est dédicacé aux jardiniers, les artisans qui font les bons produits de la terre.

## AVEZ-VOUS COMPRIS?

**A.** Complétez.

1. Georges Blanc est la ________ génération de la famille Blanc en cuisine. 2. Les parents de Georges Blanc l'ont un peu ________ à faire le métier de chef. 3. La tradition va continuer avec ________. 4. Son restaurant a reçu la troisième étoile dans le *Guide Michelin* en ________. 5. Un aspect unique de son restaurant, selon lui, est ________. 6. Il croit qu'un restaurant qui réussit doit créer un ________ agréable. 7. Sa journée commence à ________. 8. Il prend son déjeuner à ________. 9. De 2h30 à 4h30 il ________. 10. Très souvent il ________ un peu après 4h30. 11. Il dîne à ________. 12. Sa journée se termine vers ________ ou ________.

**B.** Décrivez une journée typique de Georges Blanc.

**C.** Expliquez la théorie de Georges Blanc quant à l'harmonie nécessaire entre le restaurant, l'auberge et le milieu. Pourquoi est-ce tellement important?

**D.** Voici un extrait du *Guide Michelin France*, 1992.

**VONNAS** 01540 Ain 74 ② – 2 381 h. alt. 189.
Paris 409 – Mâcon 19 – Bourg-en-Bresse 24 – ♦Lyon 63 – Villefranche-sur-Saône 40.

✿✿✿ **Georges Blanc** Ⓜ, ✆ 74 50 00 10, Télex 380776, Fax 74 50 08 80, « Elégante hostellerie au bord de la Veyle, jardin fleuri » , – rest ☎ Ⓟ. AE GB
*fermé 2 janv. au 8 fév.* – **R** *(fermé jeudi sauf le soir du 15 juin au 15 sept. et merc. sauf fériés)* (nombre de couverts limité - prévenir) 410/620 et carte 450 à 580, enf. 150 – 80 –
**34 ch** 600/1600, 7 appart. 1800/3200
Spéc. Crêpe parmentière au saumon et caviar, Saint-Jacques rôties aux cèpes (oct. à avril), Fricassée de poularde de Bresse aux gousses d'ail et foie gras. Vins Mâcon-Azé, Chiroubles.

1. Quel est le numéro de téléphone du restaurant de Georges Blanc? 2. Quelles cartes de crédit sont acceptées? 3. Combien de chambres a l'auberge? 4. Quels vins recommande-t-on? 5. Vous voudriez dîner chez Georges Blanc le jeudi 15 juillet. Est-ce que le restaurant sera ouvert? 6. Est-il nécessaire de faire des réservations? 7. Quelles sont les trois spécialités du restaurant?

# THEME VI

CHAPITRE **16**

## EXERCICES ORAUX

## A l'écoute de la vie

### AVANT D'ECOUTER

**A. Le stress.** Quelles sont les causes du stress dans la vie moderne? Ecrivez quelques idées, que vous allez ensuite pouvoir comparer avec celles que donne une Française sur la bande sonore.

_____    _____

_____    _____

_____    _____

**B. Etude de mots.** Déduisez le sens de ces trois mots en les utilisant dans les contextes donnés.

un bilan       quotidien       un emprunt bancaire

1. Un journal _____ est un journal qui paraît tous les jours.

2. Quand on a besoin d'argent, on peut aller à la banque pour faire _____.

3. Faisons une évaluation, ou _____, de la situation.

### A L'ECOUTE

**A.** Ecoutez la bande sonore une ou deux fois et organisez les idées discutées en un plan chronologique. Numérotez de 1 à 10.

_____ définition du stress            _____ stress du paysan

_____ cause principal du stress       _____ stress de la vie professionnelle

_____ stress du PDG                   _____ stress dû aux obligations financières

_____ stress du Parisien              _____ stress dû à l'âge

_____ stress de l'étudiant            _____ stress de l'ingénieur

**B.** Ecoutez encore en prenant des notes, pour pouvoir résumer ce qui est dit sur chacun des sujets présentés dans l'exercice A.

1. _____

2. _____

3. _____

4. _____

5. _____

6. _____

7. _____

8. _____

9. _____

10. _____

**C.** Ecoutez encore, vérifiez vos réponses à l'activité B et analysez les facteurs de stress qui peuvent être attribués spécifiquement à la vie moderne. Faites une liste de ces facteurs.

_____

_____

_____

_____

_____

_____

_____

_____

_____

# A vous la parole

## PHONETIQUE

### Two "Rival" Consonants: [l], [r]

The French [l] is called **une consonne dentale**. This is because the French [l] is pronounced with the tip of the tongue pushing against the upper front teeth. English speakers need to push the tongue farther forward than usual to pronounce the French [l]. The position of the tongue is especially important when the [l] is the final sound of a word or phrase. In this position, the [l] in English is almost always "swallowed." In French, it must be completely pronounced.

The French [r], on the other hand, is called **une consonne postérieure**. A sound similar to the French [r] is the English [h]. To form the French **r**, as in **rat**, say *ha*. Then say *ha* again, this time touching the *back* of the tongue against the upper part of the back of your mouth (the soft palate). You will create a kind of trilling effect.

Now turn on the tape.

**A. La physiologie de la phonétique.** Ecoutez les mots suivants, puis prononcez-les.

1. l'épaule
2. le ligament
3. les cils
4. la gorge
5. le ventre
6. le cœur
7. les ongles
8. les lèvres
9. les bras

**B.  Vous avez mal partout!** Vous entendrez les noms de plusieurs parties du corps. Répondez en disant que cette partie du corps vous fait mal. Attention aux consonnes [l] et [r].

> MODELE: *Vous entendez:* la tête
> *Vous répondez:* J'ai mal à la tête.

1. ...    2. ...    3. ...    4. ...    5. ...    6. ...

## PAROLES

**A.  Le corps, c'est une machine!** Toutes les parties du corps servent à quelque chose. En fait, le corps est une machine miraculeuse. Identifiez les parties du corps qui assurent les fonctions suivantes.

> MODELE: *Vous entendez:* Ces organes nous permettent de respirer.
> *Vous répondez:* Pour respirer, on a les poumons.

1. ...    2. ...    3. ...    4. ...    5. ...    6. ...    7. ...

**B.  De quoi parle-t-on?** Ecoutez cette jeune fille parler de certaines parties de son corps. Identifiez ces parties. Réponses possibles: *cheveux, cils, jambes, dents, lèvres, ongles.*

> MODELE: *Vous entendez:* Les miens sont très bleus comme ceux de ma mère.
> *Vous répondez:* Elle parle des yeux.

1. ...    2. ...    3. ...    4. ...    5. ...

**C.  La forme.** Ecoutez les descriptions suivantes, puis répondez aux questions.

1. ...    2. ...    3. ...    4. ...

**D.  Connaissez-vous Rodin?** Auguste Rodin était un sculpteur français du dix-neuvième siècle. Regardez la photo d'une de ses sculptures, puis décrivez-la en répondant aux questions (répétées deux fois) par écrit.

1. _____

2. _____

3. _____

4. _____

## STRUCTURES

**A. Des faux jumeaux!** Gabrielle et Robert sont jumeaux, mais ce ne sont pas des vrais jumeaux (*identical twins*). Comparez-les en répondant aux questions.

Robert   Gabrielle

1. ...   2. ...   3. ...   4. ...   5. ...

**B. La maudite Charlotte.** Vous êtes un bon étudiant / une bonne étudiante, mais Charlotte vous dépasse en tout. Répondez selon le modèle.

> MODELE: *Vous entendez:* Vous recevez de bonnes notes?
> *Vous répondez:* Oui, je reçois de bonne notes, mais Charlotte reçoit de meilleures notes.

1. ...   2. ...   3. ...   4. ...   5. ...

**C. Vive la différence!** Regardez le tableau, puis répondez avec une phrase comparative ou superlative.

Pierre   Annick   Olivier   Mariette

1. ...   2. ...   3. ...   4. ...   5. ...

**D. Des conseils!** Ecoutez ces personnes parler de leur régime. Donnez à chacune un conseil pour améliorer son état général.

> CONSEILS
>
> Prenez plus de temps pour vos repas.
> Prenez des repas plus équilibrés.
> Mangez moins de fromage et moins d'œufs.
> Buvez moins d'alcool.
> Préparez-vous un meilleur petit déjeuner.
> Fumez moins.

MODELE: *Vous entendez:* J'aime bien mon travail, mais malheureusement je n'ai pas le temps de
manger un bon repas à midi.
*Vous répondez:* Prenez plus de temps pour vos repas.

1. ...    2. ...    3. ...    4. ...    5. ...

# Dictée

Vous entendrez la dictée deux fois. La première fois, écoutez. La deuxième fois, écrivez. Puis réécoutez le
premier enregistrement pour corriger. A la fin, complétez la dernière phrase et répondez à la question.

—_____!

—_____.

—_____.

—_____.

—_____,

_____.

—Mais c'est pour _____!

De quelle histoire s'agit-il?

1.  *Le Petit Chaperon rouge*       2.  *La Belle et la Bête*       3.  *Les Trois Petits Cochons*

# EXERCICES ECRITS

## PAROLES

**A. Le corps humain.** Complétez ce texte avec les mots appropriés.

Le premier organe principal est _____.[1] Cet organe distribue

_____[2] à tout le corps: _____[3] coule dans _____[4]

et _____.[5] Ensuite il y a _____[6] qui nous permettent de respirer. Il

y a aussi _____,[7] un organe digestif.

Les gros buveurs peuvent souffrir d'une cirrhose du _____,[8] mais les grosses

têtes se font admirer pour la capacité de leur _____.[9]

Les étudiants trop stressés doivent faire attention; sinon, ils peuvent finir avec une crise de

_____.[10] Pour éviter le stress, il faut savoir _____.[11] Quand on est

fatigué et à bout de forces, il vaut mieux prendre le temps de _____.[12] Enfin, il faut

faire régulièrement _____.[13]

**B. Casse-tête.** A vous de choisir et d'identifier dix parties de cette tête.

la tête

le nez

**C. Cours d'anatomie pour débutants.** Dressez un inventaire en citant toutes les composantes de ces quatre parties du corps.

1. Le bras est le membre supérieur du corps humain. Il est composé de _____

_____

2. Au bout du bras se trouve la main qui comprend la paume, _____

_____

3. La jambe est le membre inférieur du corps humain. Du haut en bas, il y a la cuisse, _____

_____

4. Au bout de la jambe se trouve le pied qui est composé de _____

_____

5. Entre le cou et la taille, on trouve _____

_____

**D. Une belle personne.** Vous devez connaître quelqu'un que vous trouvez très beau (belle). Décrivez physiquement cette personne avec autant de détails que possible, sur sa tête et sur le reste du corps.

_____

_____

_____

_____

_____

_____

_____

_____

_____

## STRUCTURES

**A. La vie «tout court».** Complétez ce texte de façon logique avec **assez, beaucoup, mieux, pire, plus, moins, de plus en plus, de moins en moins**.

Colette n'en peut plus! Plus elle continue, _____[1] elle comprend la vie. Avec les

semestres qui passent, elle a _____[2] de devoirs et _____[3] de

temps libre. Pour ses camarades, cela semble différent: pour eux les choses semblent aller

_____,[4] mais pour Colette, hélas, l'état des choses est _____.[5]

Mais elle persiste! Pourquoi? Parce qu'avec son diplôme elle va gagner _____[6]

d'argent; en fait, elle est déjà sûre de gagner _____[7] d'argent! Et à ce moment-là,

elle sera _____[8] stressée et _____[9] _____[10]

heureuse!

**B. La vie de tous les jours.** Complétez ces phrases en y rajoutant une phrase comparative et une phrase superlative.

> MODELE: Je suis fatigué(e) le lundi. →
> Je suis moins (aussi, plus) fatigué(e) aujourd'hui qu'hier.
> Je suis le plus fatigué(e) le vendredi.

1. Je suis stressé(e) quand j'ai un devoir à rendre.

   _____ pendant les vacances.

   _____ pendant les examens finals.

2. Je (ne) fais (pas) beaucoup de sport.

   _____ en hiver qu'en été.

   _____ pendant les vacances.

3. Je me sens bien quand je termine mes devoirs.

   _____ quand je reçois une bonne note.

   _____ quand je rate un examen.

4. A mon avis, la natation est bonne pour la santé.

   A mon avis, le jogging _____

   A mon avis, regarder la télé _____

5. Le sucre est mauvais pour le corps.

   Le cholestérol _____

   Les légumes et les fruits _____

**C. Comptons les calories.** Pour ceux qui font attention à la ligne, il faut compter les calories. Savez-vous le faire? Composez des phrases avec des éléments des trois colonnes.

| un gâteau au chocolat | | | une salade de crabe |
| une banane | avoir $\left\{\begin{array}{l}\text{autant}\\\text{plus}\\\text{moins}\end{array}\right\}$ de calories que | | la bière |
| le jus de carottes | | | un avocat |
| un steak | | | un blanc de poulet |
| une salade de thon | | | une mousse au chocolat |

1. _____

2. _____

3. _____

4. _____

5. _____

**D. Conseils.** Que faut-il faire dans les situations suivantes? Répondez aux questions avec une de ces expressions:

> plus de légumes et moins de desserts     au régime et au cholestérol
> moins de natation     autant de café
> plus d'exercice physique     plus de calories
> de plus en plus de jogging

1. Vous voulez prendre du poids. Que devriez-vous prendre?

   _____

2. Vous avez besoin de plus d'exercice. Que pourriez-vous faire?

   _____

3. Vous passez tout le week-end devant la télé et cela ne peut pas continuer. Que faut-il faire?

   _____

4. Votre oncle vient d'avoir une crise cardiaque. Il doit changer ses habitudes. A quoi doit-il faire plus attention?

   _____

**E. La vie «tout court» (suite).** A partir des éléments donnés, composez des phrases à propos de différents aspects de votre vie.

   MODELE: Plus..., moins.... → Plus je fais de sport, moins je me fatigue facilement.

1. Plus..., plus....

   _____

   _____

2. Plus..., moins....

   _____

   _____

3. Moins..., plus....

   _____

   _____

4. Plus..., mieux c'est!

   _____

   _____

5. Moins..., mieux c'est!

   _____

   _____

CHAPITRE # 17

# EXERCICES ORAUX

## A l'écoute de la vie

### AVANT D'ECOUTER

Quelles circonstances ou quels facteurs éveillent en vous les émotions suivantes?

1. la colère

_____

_____

2. le cafard

_____

_____

3. la peur

_____

_____

4. la joie

_____

_____

Ces mêmes questions ont été posées à une Française de soixante-dix-neuf ans. Ecoutez ses réponses.

### A L'ECOUTE

**A.** Ecoutez une première fois pour voir si vous avez certaines réponses en commun avec la dame interviewée. Si oui, cochez les réponses que vous avez notées ci-dessus.

**B.** Ecoutez encore et indiquez le nombre de facteurs mentionnés pour chaque émotion, puis nommez ces facteurs.

COLERE                 CAFARD                 PEUR                 JOIE

_____      _____      _____      _____

_____      _____      _____      _____

| COLERE | CAFARD | PEUR | JOIE |
|---|---|---|---|
| _____ | _____ | _____ | _____ |
| _____ | _____ | _____ | _____ |
| _____ | _____ | _____ | _____ |

C. Ecoutez une autre fois et déduisez par le contexte le sens des expressions suivantes.

1. «une remarque qui ne convient pas»
   a. une parole méchante
   b. une phrase hors contexte (*out of context*)
   c. l'emploi accidentel d'un mauvais mot

2. «un comportement assez louche»
   a. un regard bête
   b. une attitude suspecte
   c. une façon d'agir qui dénote un manque d'éducation

D. Ecoutez encore les passages nécessaires et expliquez...

1. ce que certains jeunes font pour causer de la peine à une personne âgée

   _____

   _____

2. ce qu'il y a de particulièrement effrayant dans les maladies circulatoires

   _____

   _____

E. Qu'est-ce qui vous surprend dans les réponses de Mme Bourhis? Expliquez votre réaction.

   _____

   _____

   _____

   _____

# A vous la parole

## PHONETIQUE

### *Imparfait* or *conditionnel présent*?

In the last chapter, you practiced distinguishing the French and English [r] sounds. In this chapter, you are going to continue to practice the French [r].

Often this sound alone can distinguish a verb conjugated in the **imparfait** from the same verb conjugated in the **conditionnel présent**. Remember that the endings for the two tenses are the same and that the only difference is in the stem. If the stem ends with an [r] sound, the verb will be **conditionnel présent**. Compare:

| IMPARFAIT | CONDITIONNEL PRESENT |
|---|---|
| j'attrapais | j'attraperais |
| elle gardait rancune | elle garderait rancune |
| vous vous mettiez en colère | vous vous mettriez en colère |

Now turn on the tape.

**A. Gymnastique verbale.** Transformez chacune des phrases suivantes, d'abord à l'imparfait, puis au conditionnel présent. (Repétez la réponse modèle.)

> MODELE: *Vous entendez:* Je parle peu.
> *Vour répondez:* Je parlais peu. Je parlerais peu.

1. ...  2. ...  3. ...  4. ...  5. ...

**B. Formulez des hypothèses!** Vous entendrez deux expressions verbales à l'infinitif. Conjuguez le premier verbe à l'imparfait et le second verbe au conditionnel présent. Utilisez la conjonction selon le modèle.

> MODELE: *Vous entendez:* être fatigué(e), se coucher
> *Vous répondez:* Si j'étais fatigué(e), je me coucherais.

1. être malade, avoir de la fièvre
2. avoir un rhume, éternuer
3. éternuer, avoir le nez qui coule
4. avoir le nez qui coule, se moucher

## PAROLES

**A. Quelles émotions?** Ecoutez les descriptions et répondez selon le modèle.

> MODELE: *Vous entendez:* Brigitte est très heureuse.
> *Vous répondez:* Alors, elle éprouve du bonheur.

1. ...  2. ...  3. ...  4. ...  5. ...

**B. Des sentiments et des émotions.** Ecoutez les descriptions, puis donnez l'émotion ou le sentiment dont il s'agit. Réponses possibles: *la jalousie, la colère, le cafard, la rancune, l'angoisse.*

> MODELE: *Vous entendez:* Jacques manque de confiance en lui-même.
> *Vous répondez:* Il s'agit d'un complexe d'infériorité.

1. ...  2. ...  3. ...  4. ...  5. ...

**C. Frère et sœur.** Sabine et son frère Bernard ne se ressemblent pas du tout. Répondez selon le modèle.

> MODELE: *Vous entendez:* Sabine est heureuse.
> *Vous répondez:* Mais son frère Bernard est malheureux.

1. ...  2. ...  3. ...  4. ...  5. ...

**D. Maintenant à vous!** Comment est votre état mental? Répondez aux questions de façon originale. Ecrivez votre réponse.

> MODELE: *Vous entendez:* Quand avez-vous peur?
> *Vous écrivez:* J'ai peur quand j'ai très mal au dos sans raison.

1. _____

2. _____

3. _____

4. _____

STRUCTURES

**A. Demain... ou un jour.** Répondez logiquement aux questions en utilisant le futur ou le conditionnel.

> MODELE: *Vous entendez:* Si vous avez mal à la tête demain, prendrez-vous de l'aspirine ou du whisky?
> *Vous répondez:* Je prendrai de l'aspirine.

1. ...   2. ...   3. ...   4. ...   5. ...   6. ...

**B. Que feriez-vous si... ?** Choisissez une réponse logique pour chaque situation. Réponses possibles: *leur demander une nouvelle voiture, essayer de le réconforter, proposer de voir un film très drôle, demander une explication et chercher une solution, éprouver de la jalousie, lui pardonner.*

> MODELE: *Vous entendez:* Que feriez-vous si votre amie était déprimée?
> *Vous répondez:* Je proposerais de voir un film très drôle.

1. ...   2. ...   3. ...   4. ...   5. ...

**C. Au passé.** Répétez les phrases suivantes en mettant le second verbe au passé du subjonctif.

> MODELE: *Vous entendez:* Jean regrette que j'arrive.
> *Vous répondez:* Jean regrette que je sois arrivé(e).

1. ...   2. ...   3. ...   4. ...   5. ...

**D. Maintenant à vous!** Si la possibilité d'un voyage en France se présentait, que feriez-vous? Pour décider, répondez par écrit aux questions.

1. _____

2. _____

3. _____

4. _____

# Dictée

Vous entendrez la dictée deux fois. La première fois, écoutez. La deuxième fois, écrivez. Puis réécoutez le premier enregistrement pour corriger. Ensuite, répondez à la question.

_____

_____

_____

_____

_____

_____

_____

_____

_____

Qui est la personne qui pense à haute voix de cette façon?

_____

# EXERCICES ECRITS

## PAROLES

**A. Toutes sortes de sentiments.** Complétez les phrases suivantes selon le modèle.

MODELE:   Une personne qui hait éprouve de la haine.

1.   Une personne qui aime éprouve _____

2.   Une personne amère n'est pas _____ aux douleurs des autres.

3.   Une personne déprimée a _____

4.   Une personne qui manque _____ peut avoir un complexe d'infériorité.

5.   Une personne inquiète éprouve _____

6.   Une personne jalouse connaît _____

7.   Une personne malheureuse éprouve _____

8.   Une personne qui ne garde pas rancune est capable de _____

**B. Des degrés d'émotion.** Pour chaque émotion, donnez-en une autre, semblable mais plus forte.

1.   l'amitié _____

2.   l'inquiétude _____

3.   le manque de confiance en soi _____

4.   l'hostilité _____

5.   la dépression _____

Et maintenant, pouvez-vous nommer une émotion plus ou moins contraire à ces émotions?

6.   _____

7.   _____

8.   *la confiance en soi*

9.   _____

10.   _____

**C. Vos émotions.** Composez des phrases avec un élément de chaque colonne.

MODELE:   Si j'étais malade, je serais inquiet (inquiète).

| | |
|---|---|
| gagner un million de dollars à la loterie | être très surpris(e) |
| perdre un frère ou une sœur à cause d'un cancer | éprouver du chagrin |
| être victime d'une agression | me mettre en colère |
| être accusé(e) à tort d'avoir triché à un examen | être soucieux(-se) |
| recevoir des coups de téléphone anonymes | devenir jaloux(-se) |
| voir une rivale devenir célèbre | avoir peur de sortir seul(e) |

1.   _____

2.   _____

3. _____

4. _____

5. _____

6. _____

**D. Vos émotions (suite).** Complétez les phrases suivantes de façon personnelle.

1. Je deviens inquiet (inquiète) quand _____

_____

2. Je me mets en colère chaque fois que _____

_____

3. J'ai découvert la jalousie pour la première fois quand _____

_____

4. La dernière fois que j'ai eu le cafard, _____

_____

5. Pour moi, le bonheur, c'est _____

_____

## STRUCTURES

**A. C'est bien d'être différent, non?** Ressemblez-vous à Janine? Précisez les raisons de votre ressemblance avec elle ou de vos différences en suivant le modèle. Utilisez le conditionnel.

MODELE: Si Janine arrête l'école, elle sera heureuse. →
Mais moi, si j'arrêtais l'école, je serais plutôt malheureux (malheureuse).
*ou bien* Moi aussi, si j'arrêtais l'école, je serais heureux (heureuse).

1. Si toutes ses notes ne sont pas des A, Janine aura un complexe d'infériorité.

_____

_____

2. Si Janine ne trouve pas de travail cet été, elle sera angoissée.

_____

_____

3. Si Janine est obligée de rester à la maison tout l'été, elle ira à la montagne le week-end.

_____

_____

4. Mais si on invite Janine à aller en France, elle n'aura pas assez d'argent.

_____

_____

5. Si Janine va en France, elle se laissera intimider.

_____

_____

B. **Et si... ?** Formulez des questions selon le modèle.

   MODELE: Jean / avoir le cafard / que faire? → Si Jean avait le cafard, que ferait-il?

   1. Je / être malade à Paris / où aller?

   _____

   2. Ma mère / se fâcher / que dire?

   _____

   3. Monique / ne pas suivre ce régime / que manger?

   _____

   4. Vous / avoir un complexe d'infériorité / comment vous sentir?

   _____

   5. Tu / avoir des regrets / demander pardon?

   _____

C. **Les regrets de Marie-Louise.** Voici une série d'événements qui provoquent (ont provoqué) du regret chez Marie-Louise. Composez des phrases avec un verbe au présent ou au passé du subjonctif selon le cas.

   MODELES:  a. Sa sœur est arrivée hier. → Marie-Louise regrette que sa sœur soit arrivée hier.

   b. Sa sœur arrive demain. → Marie-Louise regrette que sa sœur arrive demain.

   1. Son poste de télé est tombé en panne hier.

   Marie-Louise regrette que _____

   2. Sa voiture a besoin de réparations.

   Marie-Louise regrette que _____

   3. Ses cours sont très difficiles ce trimestre.

   Marie-Louise regrette que _____

   4. Son amie Christine est toujours complexée.

   Marie-Louise regrette que _____

   5. Ses parents n'ont jamais connu le bonheur.

   Marie-Louise regrette que _____

D. **Encore au passé.** Composez des phrases avec les éléments donnés. Mettez le verbe au passé du subjonctif.

   MODELE:  Je doute / Pierre / réussir à son examen → Je doute que Pierre ait réussi à son examen.

   1. Je suis content(e) / l'examen / ne pas être difficile

   _____

2. Mes copains sont tristes / l'année scolaire / durer si longtemps

_____

3. Mon ami(e) ne croit pas / je / gagner un prix en français

_____

4. C'est dommage / les étudiants / devoir aller au labo

_____

5. Je ne pense pas / le cours de français / être inutile

_____

**E. Que feriez-vous si... ?** Comment réagiriez-vous face aux situations suivantes? Pour répondre, composez une ou deux phrases au conditionnel.

1. Au cours d'un examen, si vous remarquiez que votre camarade Rachel trichait en copiant les réponses de sa voisine, que feriez-vous?

_____

_____

_____

2. Si vous appreniez que votre camarade de chambre se droguait à la cocaïne, que feriez-vous?

_____

_____

_____

3. Si un de vos copains buvait de plus en plus d'alcool, que feriez-vous?

_____

_____

_____

4. Si un bon copain vous offrait 50 $ pour une copie d'un travail écrit que vous aviez fait l'an dernier, que feriez-vous?

_____

_____

_____

5. Si votre meilleure amie vous annonçait qu'elle était enceinte (*pregnant*), que feriez-vous?

_____

_____

_____

CHAPITRE **18**

# EXERCICES ORAUX

## A l'écoute de la vie

### AVANT D'ECOUTER

**Etude de mots.** Utilisez le contexte des phrases suivantes pour déduire le sens des mots en italique, et écrivez l'équivalent en anglais.

1.  Les trains roulent non pas sur des routes mais sur des *voies ferrées*. _____

2.  J'ai un gros bleu sur le bras; mon bras est tout *meurtri*. _____

3.  Ma main a commencé à *enfler*, c'est-à-dire devenir plus grosse. _____

4.  Si le nerf d'une dent cassée est exposé, ou *à vif*, il faut *dévitaliser* la dent. _____

5.  Une articulation qui est privée de mouvement devient *ankylosée* ou *raide*. _____

6.  Après une visite chez le docteur, il faut payer la note, ou *la facture*. _____

### A L'ECOUTE

**A.** Ecoutez une première fois et indiquez si ces phrases sont vraies (V) ou fausses (F).

|   |   | V | F |
|---|---|---|---|
| 1. | L'accident a été causé par un train. | ☐ | ☐ |
| 2. | Franciska avait la figure en sang. | ☐ | ☐ |
| 3. | Elle était seule au moment de l'accident. | ☐ | ☐ |
| 4. | Elle a appelé son professeur qui est venu la chercher. | ☐ | ☐ |
| 5. | Elle est allée à l'hôpital avant d'aller chez le dentiste. | ☐ | ☐ |
| 6. | Plus tard, elle est allée voir un spécialiste des os. | ☐ | ☐ |
| 7. | Un plâtre n'était pas conseillé dans son état. | ☐ | ☐ |
| 8. | Deux dentistes différents se sont occupés de Franciska. | ☐ | ☐ |
| 9. | Selon Franciska, les conséquences financières de l'accident sont plus graves que les blessures. | ☐ | ☐ |

**B.** Ecoutez encore en prenant des notes, puis résumez ce qui s'est passé.

1.  lieu et circonstances de l'accident

2. personnes présentes

_____

3. blessures

PARTIE DU CORPS                          PROBLEME

_____        _____

_____        _____

4. ordre chronologique et nature des soins reçus, avec tous les détails possibles

_____

_____

_____

_____

5. recommandations de l'orthopédiste

_____

_____

6. deux choses que Franciska ne peut plus faire pour le moment

_____

# A vous la parole

## PHONETIQUE

### Unaspirated Consonants

The three consonant sounds [p], [t], and [k] are articulated differently in English and in French. In English these sounds are called plosives (or explosives) because when they are pronounced, there is often a sudden release of breath, causing a little "explosion" of air.

In French, the sounds are articulated without this release of air. Hold your hand in front of your mouth and pronounce these consonants. You should not feel any air; if you do, you are partially aspirating the consonants.

To help you pronounce [p], [t], and [k] with no aspiration, keep the following fact in mind. In English, when any one of these sounds is preceded by an [s], there will be no aspiration. This will show you what it feels like to produce an unaspirated consonant.

Now turn on the tape.

**A. Non à l'aspiration!** Ecoutez, puis prononcez les paires de mots suivantes. Attention aux consonnes non-aspirées, surtout dans le second mot de chaque paire.

1. sport / port
2. spécial / partial
3. spectacle / réceptacle
4. stable / table
5. station / tartine
6. statue / étape

**B. Un médecin peu compétent.** Ecoutez les phrases suivantes, puis transformez-les en utilisant le conditionnel passé du verbe **devoir**. Attention aux consonnes non-aspirées.

> MODELE: *Vous entendez:* Le médecin n'a pas examiné le patient.
> *Vous répondez:* Pourtant, il aurait dû examiner le patient.

1. ... 2. ... 3. ... 4. ...

# PAROLES

**A. Ils sont tous enrhumés.** Regardez le dessin de la salle d'attente d'un médecin généraliste, puis répondez aux questions. (Vous entendrez ensuite une des réponses possibles.)

1. ... 2. ... 3. ... 4. ...

**B. Si vous étiez malade...** Répondez aux questions suivantes de façon logique, selon le modèle. (Vous entendrez ensuite une des réponses possibles.)

> MODELE: *Vous entendez:* Si vous aviez de la fièvre, où auriez-vous mal?
> *Vous répondez:* Si j'avais de la fièvre, j'aurais mal à la tête.

1. ... 2. ... 3. ... 4. ... 5. ... 6. ...

**C. Vocabulaire de l'hôpital.** Ecoutez les définitions suivantes, puis identifiez ce dont on parle. Commencez votre réponse par **Il s'agit d'un(e)...**

1. ... 2. ... 3. ... 4. ... 5. ... 6. ... 7. ...

**D. Avez-vous un beau sourire?** Ecoutez les questions suivantes, puis répondez par écrit de façon personnelle.

1. _____
2. _____
3. _____
4. _____
5. _____

# STRUCTURES

**A. Toutes sortes d'accidents!** Vous allez entendre parler cinq personnes accidentées. Pour chaque cas, composez une petite phrase qui explique comment cette personne s'est blessée. Utilisez le verbe **devoir** au passé composé suivi d'un des infinitifs proposés. Infinitifs: *vous fouler la cheville, vous casser la jambe, vous casser le bras, saigner, vous couper.*

MODELE: *Vous entendez:* C'était un accident de cuisine. Je me suis coupé un doigt.
*Vous répondez:* Vous avez dû saigner.

1. ...    2. ...    3. ...    4. ...

**B. Vous l'avez échappé belle!** Vous auriez facilement pu avoir un accident de ski pendant vos vacances à la neige. Vous allez entendre des phrases au conditionnel présent. Mettez chacune au conditionnel passé. (Répétez la réponse modèle.)

MODELE: *Vous entendez:* Je saignerais beaucoup.
*Vous répondez:* J'aurais beaucoup saigné.

1. ...    2. ...    3. ...    4. ...    5. ...

**C. Qu'est-ce que vous auriez fait si... ?** Ecoutez les questions suivantes au sujet d'une mésaventure que, heureusement, vous n'avez pas vécue. Répondez logiquement en utilisant un verbe au conditionnel passé. Réponses possibles: *chez mes parents, chez le médecin, dans une salle d'opération, un chirurgien, des infirmiers et des infirmières.*

1. ...    2. ...    3. ...    4. ...    5. ...

**D. Maintenant à vous!** Ecoutez les questions suivantes. Faites attention au sens des verbes utilisés—**pouvoir, vouloir, devoir**—et au temps des verbes. Ecrivez vos réponses.

1. _____
2. _____
3. _____
4. _____

# Dictée

Vous entendrez la dictée deux fois. La première fois, écoutez. La deuxième fois, écrivez. Puis réécoutez le premier enregistrement pour corriger. (**points de suture** = *stitches*)

_____
_____
_____
_____
_____
_____
_____
_____
_____

# EXERCICES ECRITS

## PAROLES

**A. Des conséquences.** Pour chaque problème, indiquez une conséquence logique. Voici des mots à utiliser dans vos réponses: *de l'aspirine, des béquilles, un plombage ou une couronne, un bleu, saigner, tousser, se moucher.*

MODELE: Quand on a mal à la tête, on prend de l'aspirine.

1. Quand on a le nez qui coule, _____

2. Quand on a une bronchite, _____

3. Quand on se cogne, _____

4. Quand on se coupe, _____

5. Quand on a la jambe dans le plâtre, _____

   _____

6. Quand le dentiste trouve une carie, _____

   _____

**B. Des remèdes.** Savez-vous prescrire des remèdes efficaces? Pour chaque état de santé, proposez un remède logique.

1. _____ un gros rhume persistant      a. de l'aspirine
     b. un sirop contre la toux
2. _____ une bronchite      c. un antibiotique pour états grippaux
     d. une boîte de Kleenex
3. _____ un petit mal de tête      e. une piqûre de pénicilline

4. _____ une allergie qui fait couler le nez

5. _____ une nausée et une diarrhée

**C. Guillaume le Conquérant** (*William the Conqueror*). Regardez Guillaume: il a bien l'air conquis cette fois! Mais malgré toutes ses maladies, il n'a pas perdu son sens de l'humour et il sait qu'il va guérir peu à peu. A vous de faire un diagnostic global et proposer des traitements en remplissant la grille suivante.

| SYMPTOMES | MALADIE | REMEDE |
|---|---|---|
|  |  |  |

**D. Que faire?** Utilisez un élément de chaque colonne pour composer une phrase selon le modèle.

MODELE: Si j'avais un rhume, je boirais du jus d'orange.

| | | |
|---|---|---|
| avoir le nez qui coule | chercher | beaucoup de Kleenex |
| attraper un rhume | avoir besoin de | des antibiotiques |
| avoir la grippe | prendre | un médecin |
| éternuer et tousser | consulter | de l'aspirine |
| ? | ? | ? |

1. _____

_____

2. _____

_____

3. _____

_____

4. _____

_____

5. _____

_____

## STRUCTURES

**A. Subir les conséquences.** Choisissez une des expressions et conjugez-la au conditionnel passé pour compléter les phrases suivantes. Réponses possibles: *avoir un gros mal de tête, voir couler mon sang, ne plus boire de café trop chaud, ne plus pouvoir marcher droit, marcher avec des béquilles.*

1. Si je m'étais brûlé le bout de la langue, _____

_____

2. Si j'avais eu la jambe dans le plâtre, _____

_____

3. Si je m'étais coupé le doigt, _____

_____

4. Si je m'étais cogné la tête contre le mur, _____

_____

5. Si j'avais bu quatre litres de bière, _____

_____

**B. Si vous aviez été la dame en violet...** Vous souvenez-vous de la pauvre dame en violet dont le Dr Knock s'était bien moqué? Si vous aviez été à sa place, auriez-vous été plus «sage»? Complétez les phrases suivantes de manière originale. Réponses possibles: *consulter un autre médecin, rire, me moquer de lui, refuser de les prendre, dire «non», accepter volontiers de le faire, le croire.*

1. Si le Dr Knock m'avait dit que j'avais les artères du cerveau en tuyau de pipe, _____

_____

2. Si le Dr Knock m'avait fait le diagnostic de l'araignée, _____

_____

3. Si le Dr Knock m'avait proposé un traitement de deux ou trois ans, _____

_____

4. Si le Dr Knock m'avait prescrit des somnifères, _____

_____

5. Si le Dr Knock m'avait demandé de revenir le lendemain, _____

_____

**C. Toutes sortes de suppositions et d'hypothèses.** Utilisez les éléments suivants pour construire trois phrases: (a) une supposition à compléter; (b) une hypothèse au présent; (c) une hypothèse au passé. Respectez la concordance des temps.

MODELE: (je) prendre une douche chaude / se sentir plus calme →
a. Si je prends une douche chaude, je me sentirai plus calme.
b. Si je prenais une douche chaude, je me sentirais plus calme.
c. Si j'avais pris une douche chaude, je me serais senti(e) plus calme.

1. (elle) manger un kilo de chocolats / avoir très mal au ventre

a. _____

b. _____

c. _____

2. (tu) avoir un gros bouton sur le nez / ne pas vouloir sortir

a. _____

b. _____

c. _____

3. (je) me casser le petit doigt / avoir du mal à jouer du piano

    a. _____

    b. _____

    c. _____

4. (le médecin) prescrire une cure de jus de carottes / ne pas recevoir ses honoraires

    a. _____

    b. _____

    c. _____

**D. Chassé-croisé.** Donnez une expression synonyme en utilisant une forme de **vouloir, pouvoir,** ou **devoir.** (Voir pages 315–317 de votre livre.) Ensuite, composez une phrase avec votre expression.

    MODELE: j'ai essayé de = j'ai voulu
                  J'ai voulu partir, mais mes amis m'ont retenu(e).

1. Pierre a refusé de = _____

_____

2. Nous sommes obligés de = _____

_____

3. Je n'ai pas réussi à = _____

_____

4. Enfin je suis arrivé(e) à = _____

_____

5. Le professeur avait envie de = _____

_____

6. Nicole était probablement fatiguée = _____

_____

7. Les étudiants feraient mieux de = _____

_____

8. J'aurais mieux fait de = _____

_____

**E. Comme vous voulez.** Complétez les phrases de façon personnelle.

1. Je n'ai jamais pu _____

_____

2. Quand j'étais petit(e), je voulais _____

_____

3. L'autre jour, j'ai voulu _____,

    mais _____

4.  Si j'avais pu _____

_____

5.  Si j'avais voulu _____

_____

6.  Un jour, je voudrais bien _____

_____

# POUR LE PLAISIR DE LIRE

## Le docteur Jacques Préaux

### Jacques Préaux: Médecin

Jacques Préaux is a plastic surgeon who practices in Neuilly, a suburb of Paris. He is married, with two teenaged children. In the following excerpts from an interview, he describes the French medical system, highlighting in particular how nationalized health care works in France. He then reflects generally on several ethical dilemmas that physicians everywhere must confront. Finally, he gives his own opinion of the future of the medical profession in France.

◆

*Je crois qu'en France, vous avez un système de médecine «socialisée». Aux Etats-Unis, quand on parle de la médecine socialisée ou nationalisée, il y a beaucoup de gens, surtout des médecins, qui frémissent.° J'aimerais discuter cela en détail avec vous. Quand quelqu'un consulte un médecin, qui paie la visite? Quel pourcentage l'Etat prend-il en charge?*

tremblent

Il existe en France une Sécurité Sociale, qui est très efficace. Mais pour l'essentiel, les médecins sont rémunérés à l'acte;° les patients paient les médecins. La majorité des patients avance la somme nécessaire qui est remboursée plus ou moins intégralement.° Les malades qui bénéficient de l'assistance médicale gratuite ne paient pas les médecins. Ceux-là n'avancent pas les frais. Presque tous les médecins ont passé des accords de convention° avec la Sécurité Sociale—on n'est pas obligé de le faire. Donc, la plupart des médecins sont conventionnés auprès de la Sécurité Sociale. Chaque spécialisation a ses tarifs.

à... immédiatement

totalement

accords... arrangements pour des tarifs

*Quel est le pourcentage pris en charge par l'Etat?*

Je ne connais pas très bien le prix de la consultation. Je crois que c'est proche de cent francs. La consultation spécialisée doit coûter dans les° cent vingt-cinq francs. Les malades doivent être remboursés à 70 ou 80% de la consultation. Il y a souvent des malades qui ont une mutuelle° complémentaire. Il y a des mutuelles qui remboursent considérablement, même les consultations chères, et d'autres qui sont beaucoup plus limitées.

dans... approximativement

*insurance policy*

*Les patients peuvent-ils choisir leur médecin en France?*

Absolument. On peut habiter Lille, dans le Nord de la France, et se faire opérer à Marseille. Mais il y a quelques différences de tarif entre les caisses de la Sécurité Sociale de Paris et celles de province. Ce qui fait que l'on peut parfois y être un petit peu de sa poche,° selon le lieu que l'on choisit. On peut en tout cas choisir tout à fait librement son médecin. Et en général, on n'attend pas beaucoup pour obtenir un rendez-vous chez le médecin, sauf chez certains grands patrons.

y... devoir payer un peu

*Que pensez-vous de ce système? Quels en sont les avantages et les inconvénients? Que pensez-vous de la prestation médicale° et de l'attention que l'on porte au patient moyen?*

prestation... *medical welfare provisions*

J'ai une bonne opinion de la médecine française, mais elle se détériore pour plusieurs raisons. D'une part, la Sécurité Sociale coûte extrêmement cher; elle est perpétuellement en dette. Les moyens d'investigation, par exemple dans le domaine radiologique, ont fait des progrès tels que l'on s'en passe difficilement, mais cela coûte très cher. Le scanner ou l'appareil de résonnance magnétique sont encore plus coûteux. Seulement, cela apporte une telle source de renseignements, que l'on a du mal à s'en passer. Donc, la médecine est très chère. Les programmes de recherche dans les hôpitaux sont également imputés sur° le budget de la Sécurité Sociale. Alors, je crois que, ou bien les cotisations vont augmenter, ou bien alors on ne va plus rembourser certains risques, parce que les divers gouvernements et partis manquent de solutions pour résoudre ce problème.

*imputés... charged to*

*De nos jours, on lit de nombreux articles sur le problème de l'euthanasie. Quelles sortes de problèmes cela cause-t-il aux médecins en France?*

Mon opinion est qu'il ne faut pas légiférer° dans ce domaine. Il ne faut pas demander à la loi de vous autoriser ou de vous défendre.° Je crois qu'il faut agir en conscience et que si l'on éprouve le sentiment qu'il est nécessaire de mettre fin aux jours d'un patient, s'il n'y a pas d'autre issue et si l'on croit bien faire, je pense que l'on doit pouvoir alors prendre la décision seul. Sans tapage° et sans le faire savoir. Il y a des choses qui se sont dites et qui n'auraient pas dû être dites. Avant que l'on évoque ce problème, on a dû faire face à un autre cas de conscience, celui de l'avortement° thérapeutique.

faire des lois
*forbid*

bruit

*abortion*

Il est vrai que le médecin n'est pas là pour aider les gens à mourir ou pour les faire mourir. Mais dans l'avortement thérapeutique, quand il y avait une vie en jeu, le choix se faisait en conscience. Il fallait être trois pour prendre la décision, mais quelles que soient nos convictions religieuses, on arrivait à prendre la décision—seul ou avec quelqu'un d'autre—sans qu'il y ait beaucoup de bruit autour de cela.

Je crois que l'euthanasie a toujours été pratiquée. On en parle plus maintenant car certains tabous sont tombés. Il y a des problèmes que l'on met sur la place publique aujourd'hui alors qu'autrefois on était beaucoup plus discret. Je suis contre le fait de s'acharner à° faire survivre un malade à tout prix. On le fait «durer» plus longtemps et je crois que cela ne profite à personne.

*s'acharner... persister à*

Je suis au fond, pour des cas très rares tout de même, relativement favorable à l'euthanasie discrète. Je vais vous donner un exemple. J'ai un ami, mort maintenant, qui a opéré beaucoup de cancers. Donc il a été souvent confronté à ce problème du malade qui dit au médecin: «Docteur, je vous en prie, faites-moi mourir». Plus d'une fois il a expliqué à ses malades: «Voilà, si vous avez trop mal, prenez ce médicament. Mais faites attention, car si vous en abusez, vous risquez de mourir». Aucun patient n'est mort des suites de l'absorption de ce médicament. Bien des malades voudraient qu'on les aide à mourir, mais ils ne sont pas prêts à franchir le pas° eux-mêmes. J'ai beaucoup admiré la façon d'agir de ce médecin.

*franchir... agir*

*Pourriez-vous nous parler un peu de l'avenir de la médecine en France?*

J'aime mon métier, mais je ne pousserai pas mes enfants à faire médecine. J'ai un fils qui souhaiterait faire ses études de médecine. Il y a certaines familles qui dissuadent leurs enfants de faire médecine. J'ai hésité longtemps, mais maintenant je crois que je ferai comme eux. Il y a beaucoup trop de monde en médecine. Là où il y a du monde, la compétition se fait plus rude° et pas toujours de façon très correcte. Je crois qu'il est difficile, sauf pour ceux qui travaillent beaucoup ou qui sont brillants, de savoir où l'on va finir. Pour ceux qui choisissent une carrière hospitalière, les places sont chères et rares, par conséquent, bien malin° celui qui peut dire qu'il va arriver au sommet de la pyramide. Et ceux qui restent à un niveau inférieur sont déçus parce que leurs opportunités de travail et leur rémunération ne correspondent pas toujours aux études qu'ils ont suivies.

difficile

intelligent

## AVEZ-VOUS COMPRIS?

**A.** Complétez.

1. Le docteur Préaux est un médecin _____.

2. La France a un système de médecine _____.

3. Pour l'essentiel, les _____ paient les médecins à l'acte.

4. Les patients sont remboursés à _____ pour cent de la consultation.

5. On a le droit de choisir un médecin _____.

6. Selon le docteur Préaux, la médecine française se détériore parce que _____.

7. Deux questions de conscience que discute le docteur Préaux sont _____ et

_____.

**B.** Décrivez le système de Sécurité Sociale en France: spécifiquement, la rémunération du médecin et le remboursement du malade.

**C.** Comment l'ami du docteur Préaux a-t-il traité les patients qui voulaient mourir?

**D.** Quelles sont, d'après le docteur Préaux, quelques-unes des raisons pour ne pas devenir médecin?

# THEME VII

## I. FONCTION: La description au présent

**A. Jacques et ses copains.** Complétez le texte suivant avec la forme correcte de l'adjectif, placé devant ou après le nom.

1. jeune
2. bleu
3. blond
4. sportif
5. aimable
6. idéal
7. très paresseux
8. même
9. beau
10. régional
11. nouveau

Jacques est un (1) _____ homme _____ qui a les (2) _____ yeux

_____ et les (3) _____ cheveux _____. Il aime beaucoup les (4)

_____ activités _____. A l'université, il a beaucoup de (5) _____

copains _____, mais ce ne sont pas des (6) _____ étudiants _____. En

fait, ce sont des (7) _____ étudiants _____.

Mais Jacques et ses copains ont tous la (8) _____ passion _____: ils adorent le

jazz. Ils ont chacun une (9) _____ chaîne stéréo

_____. Le week-end, ils assistent toujours aux (10) _____

concerts _____ que présentent les (11) _____ artistes de jazz _____.

**B. Jacqueline et ses copines.** Complétez le texte avec le présent du verbe entre parenthèses.

Jacqueline _____¹ (*adorer*) les vêtements. Elle en _____² (*acheter*)

des quantités! Elle _____³ (*préférer*) les couleurs neutres et elle

_____⁴ (*choisir*) le plus souvent des vêtements de style classique.

Jacqueline et ses copines _____⁵ (*aller*) souvent à Paris pour faire des achats.

Elles _____⁶ (*être*) persuadées que Paris _____⁷ (*avoir*) le

monopole de la mode féminine en Europe. Elles _____⁸ (*mourir*) d'envie d'acheter

chez les grands couturiers, mais elles _____⁹ (*se contenter*) du prêt-à-porter.

Si ces jeunes filles _____¹⁰ (*se passionner*) pour la mode, elles

_____¹¹ (*tenir*) aussi à terminer leurs études universitaires à Poitiers. Deux d'entre

elles _____¹² (*vouloir*) devenir avocates: Jacqueline et sa copine Mireille

_____¹³ (*faire*) des études de commerce et elles _____¹⁴ (*avoir*)

l'intention de poursuivre une carrière internationale.

C'est ainsi qu'elles _____15 (*savoir*) mettre en perspective les regards

admirateurs qu'elles _____16 (*recevoir*) dans la rue et à l'université. C'est qu'elles

_____17 (*comprendre*) le sens du proverbe: «L'habit ne fait pas le moine.»

**C. Les choses de Jacques et Jacqueline.** Nous savons que Jacques est sportif et qu'il aime le jazz. A vous d'imaginer ce qu'il y a le plus probablement dans sa chambre.

| MEUBLES | APPAREILS | VETEMENTS |
|---------|-----------|-----------|
| 1.  un grand fauteuil confortable | une chaîne stéréo ultra moderne | des baskets haut de gamme |
| 2.  _____ | _____ | _____ |
| 3.  _____ | _____ | _____ |
| 4.  _____ | _____ | _____ |

Et Jacqueline? C'est une étudiante sérieuse qui aime les styles classiques, non seulement en vêtements mais aussi en ameublement.

| MEUBLES | APPAREILS | VETEMENTS |
|---------|-----------|-----------|
| 1.  un bureau ancien | une petite radio portative | un tailleur bleu marine |
| 2.  _____ | _____ | _____ |
| 3.  _____ | _____ | _____ |
| 4.  _____ | _____ | _____ |

## II.  FONCTIONS:  La négation et l'interrogation

**A. Non, non et non!** Récrivez le texte en mettant tout au négatif: verbes, articles et adverbes.

Sébastien est toujours gai. C'est un garçon très sociable: il a des copains partout dans le monde. Tout le monde le trouve sympathique et intéressant. En effet, presque tout intéresse Sébastien.

Sébastien aime le cinéma et la musique classique. Dans sa chambre il y a des posters sur les murs: il aime beaucoup les affiches publicitaires de films. Sébastien a aussi une chaîne stéréo. Il possède quelques bonnes cassettes de musique classique.

Sébastien est déjà sûr de son avenir, mais sera-t-il toujours heureux?

_____

_____

_____

_____

_____

_____

_____

_____

_____

_____

_____

_____

**B.  La charrue devant les bœufs?** (*The cart before the horse*) Posez des questions sur les parties soulignées. (1) C'est <u>le 1<sup>er</sup> février</u> et (2) <u>il neige</u> à Grenoble. (3) Jean-Luc a une petite chambre <u>dans un chalet d'une station de ski</u>. (4) Il n'en est pas du tout satisfait <u>parce qu'elle est très mal chauffée</u>. (5) En plus, la salle de bains est <u>sale</u>. (6) Jean-Luc est à Grenoble depuis <u>hier</u> et déjà il veut partir. (7) En fait, il va partir aujourd'hui <u>à midi</u>. Tant pis pour ses vacances de rêve!

1. _____

2. _____

3. _____

4. _____

5. _____

6. _____

7. _____

**C.  Préparatifs pour une interview.** Sabine est une étudiante belge qui vient d'arriver à votre université. Vous allez l'interviewer pour le journal universitaire. Voici les renseignements que vous voulez vous procurer. Quelle question faut-il poser pour recevoir chaque renseignement?

QUESTIONS AVEC QUEL(LE)(S)

1.  son âge

    _____

2.  sa ville natale en Belgique

    _____

3.  ses passe-temps préférés

    _____

QUESTIONS OUI/NON

4.  si elle a des frères et des sœurs

    _____

5.  si elle connaît déjà les Etats-Unis

    _____

6.  si elle n'a pas envie de visiter le Québec

    _____

QUESTIONS AVEC ADVERBES (**OÙ, COMBIEN,** ETC.)

7.  le nombre de cours qu'elle va suivre ce trimestre

    _____

8.  son lieu de résidence

    _____

9.  son opinion sur le resto-U

    _____

10. la raison de cette opinion

    _____

Nom _____ Date _____ Cours _____

REVISION **II**

## I. FONCTION: Le passé: narration, description, interrogation

**A. Des vacances trop ensoleillées.** Complétez le texte suivant en choisissant un verbe de la liste à droite et en le conjuguant au passé composé, à l'imparfait ou au plus-que-parfait.

Il _____¹ à Dijon quand Annick et Martine

_____² pour la Côte d'Azur. Elles _____³

leurs places dans le train dix jours plus tôt car c'_____⁴ la

haute saison touristique et il y _____⁵ toujours la foule

dans les trains à destination de Nice.

réserver
être
avoir
pleuvoir
partir

    Le voyage _____⁶ huit heures et elles

_____⁷ changer de train une seule fois, à Lyon. Le TGV

_____⁸ rapidement et les voyageuses

_____⁹ leur temps à lire et à bavarder. Quand elles

_____¹⁰ à Nice, il _____¹¹ très chaud et

le soleil _____.¹² Les vacances de leurs rêves

_____ déjà _____¹³!

devoir
arriver
faire
briller
durer
passer
commencer
rouler

    Annick et Martine _____¹⁴ leurs bagages à l'hôtel et

_____¹⁵ à la plage. Puisque beaucoup d'autres vacanciers y

_____¹⁶ avant elles, elles _____¹⁷ trouver

de place à l'ombre. Par conséquent, elles _____¹⁸ sous le

soleil «pleins feux».

s'installer
arriver
courir
laisser
ne pas pouvoir

    Deux heures plus tard, les deux filles _____¹⁹ à des

homards!—elles _____²⁰ la peau rouge et, malgré la

chaleur, elles _____²¹ froid.

    Pourquoi ces deux amoureuses du soleil _____²² un

coup de soleil? Simplement parce que c'_____²³ la

première fois qu'elles _____²⁴ un bain de soleil cet été-là.

avoir
avoir
être
prendre
ressembler
attraper

**B.** **Le premier job. Première partie.** Complétez le texte avec les mots et expressions convenables.

Jean-Paul cherche du travail depuis six semaines. Vendredi matin, comme d'habitude, il

ouvre le journal à la page des _____.1 où se trouvent les

_____.2 Jean-Paul trouve un poste qui l'intéresse: il s'agit d'un travail

dans une agence de voyages.

Jean-Paul n'hésite pas à _____:3 il écrit une lettre à l'agence et y joint

son _____4 avec une liste de ses aptitudes. L'agence lui envoie un

_____5 à remplir. Ensuite la directrice du personnel lui téléphone pour

fixer rendez-vous.

Jean-Paul arrive à 9 heures mercredi matin et fait tout de suite la connaissance de la directrice.

C'est une dame charmante et compétente et qui parle quatre langues! L'interview dure trente

minutes. A la fin, la directrice lui offre _____.6 Quand il quitte le bureau, il

a le sourire aux lèvres—il a enfin trouvé son premier job.

**Le premier job. Deuxième partie.** Sur une autre feuille de papier, récrivez le texte au passé en utilisant le passé composé, l'imparfait ou le plus-que-parfait.

**C.** **Un accident de la route.** Imaginez que vous êtes le gendarme qui a été appelé à faire le rapport d'un accident sur l'autoroute A7 à l'entrée du tunnel de Lyon. Complétez les questions suivantes de façon réaliste pour recevoir les renseignements nécessaires. Mettez les verbes au passé.

      MODELE:   (le nombre de voitures)
                 Combien de voitures ont été en cause?

1.   (le premier témoin)

    Qui _____

2.   (la cause de l'accident)

    Qu'est-ce qui _____

3.   (la conversation entre les deux automobilistes)

    Qu'est-ce que _____

4.   (le conducteur coupable)

    Lequel _____

5.   (les besoins des blessés)

    De quoi _____

6.   (les personnes déjà interrogées)

    A qui _____

7.   (l'heure de l'accident)

    A quelle _____

## II.  FONCTION: le futur: narration, description, comparaison

**A.  Deux futurs.** Changez les phrases suivantes deux fois: d'abord avec un verbe au présent + infinitif (voir la liste à la page 172 de votre livre) et ensuite avec le verbe conjugué au futur simple.

MODELE:  Michèle passe un bac C. →
Michèle a l'intention de passer un bac C.
Michèle passera un bac C.

1.  Hélène se spécialise en gestion.

_____

_____

2.  Bernard entre dans une grande école.

_____

_____

3.  Brigitte poursuit des études de médecine.

_____

_____

4.  Luc obtient un diplôme de technicien supérieur.

_____

_____

5.  Marie-Aline a son doctorat.

_____

_____

**B.  Une soirée devant le petit écran.** Complétez le texte en choisissant un verbe et en le conjuguant au futur simple ou au futur antérieur.

En l'an 2010, Richard _____1 toujours ses soirées devant le petit écran. Quand il _____2 le poste, il _____3 dans son grand fauteuil. S'il en a besoin, il _____4 le son et l'image avec sa télécommande.

allumer
s'asseoir
passer
régler

Dès qu'il _____5 le journal télévisé, il _____6 un feuilleton ou un jeu pour accompagner son dîner. Quand il _____7 de manger, il _____8 une pause publicitaire pour débarrasser la table.

choisir
regarder
attendre
finir

Il _____9 la soirée avec un film. Il _____10 peut-être pendant le film, mais n'_____11 pas le poste avant minuit passé quand il _____.12

se coucher
éteindre
s'endormir
terminer

**C. Les études universitaires.** Ces lycéens passeront leur bac cette année et s'inscriront dans le supérieur pour l'automne. Comparez leurs parcours universitaires en complétant les phrases.

| PRENOM | ETUDES / DIPLOME |
|---|---|
| Annick | maîtrise en gestion |
| Hervé | licence en histoire médiévale |
| Marie | médecine |
| Jacques | études dentaires |
| Stéphanie | doctorat en linguistique |
| Richard | technicien supérieur |

MODELE:  les études de Jacques / être / ? / longues / ? / celles de Marie →
Les études de Jacques seront moins longues que celles de Marie.

1. Annick / passer / ? / temps à l'université / ? / Jacques

   _____

2. / ? / passer le moins / ? / temps à préparer son diplôme

   _____

3. Stéphanie / consacrer / ? / années à ses études / ? / Marie

   _____

4. Richard / terminer son diplôme / ? / rapidement / ? / Hervé

   _____

5. / ? et ? / passer le plus / ? / temps à faire leurs études

   _____

# REVISION III

## I.  FONCTION:  Les opinions

**A.  Le Front national ou S.O.S. Racisme?** Complétez les phrases suivantes avec un verbe à l'indicatif, au subjonctif ou à l'infinitif.

1.  Je sais / il y a beaucoup d'immigrés en France

   _____

2.  On dit / les immigrés sont responsables du chômage des Français

   _____

3.  Je ne pense pas / la plupart des immigrés ont des qualifications professionnelles

   _____

4.  Je doute / ils peuvent contribuer à l'économie

   _____

5.  Je ne crois pas / je suis raciste

   _____

6.  Cependant, il faut / le gouvernement fait quelque chose

   _____

7.  Je propose / la France prend des mesures pour que / le nombre d'immigrés peut diminuer immédiatement

   _____

   _____

8.  Il est vrai / le problème des immigrés est grave

   _____

9.  Il est temps / tous les immigrés s'en vont

   _____

10.  Je suis sûr(e) / j'ai raison!

   _____

**B.  Un jeune homme stressé.** Combinez les éléments suivants pour former des phrases. Mettez le verbe souligné au subjonctif si nécessaire.

1.  Je ne me sens pas bien / parce que / mon travail _est_ trop stressant.

   _____

   _____

2. Bien que / j'<u>ai</u> le temps / je ne fais pas beaucoup d'exercice physique.

_____

_____

3. Mes copains font leur gym / avant que / je <u>suis sorti</u> du lit.

_____

_____

4. Puisque / ils <u>font</u> aussi attention aux calories / dîner avec eux est pénible.

_____

_____

5. Nous mangeons sobrement / quand / nous <u>sommes</u> à table.

_____

_____

6. Il ne parlent que de leur entraînement / jusqu'à ce que / nous <u>nous quittons</u>.

_____

_____

7. Si / ils <u>continuent</u> à sacrifier le plaisir à la forme / ils le regretteront plus tard.

_____

_____

_____

8. Mais moi, pour que / c'<u>est</u> une joie de vivre / je continuerai à choisir le plaisir.

_____

_____

C. **Et vous?** Exprimez votre opinion sur chacune des idées suivantes selon le modèle.

MODELE: Le stress est un mal moderne. →
Je trouve que le stress est un mal moderne.
*ou* Je ne crois pas que le stress soit un mal moderne.

1. La plupart des étudiants de cette université sont en bonne forme.

_____

2. L'exercice physique peut éliminer le stress.

_____

3. Mes camarades savent se détendre.

_____

4. Nous prenons toujours le temps de respirer.

_____

5. Les aliments naturels nous font beaucoup de bien.

   _____

Maintenant, exprimez cinq autres opinions sur le stress et la santé en complétant les phrases.

6. C'est dommage que _____

7. Il faut que _____

8. Je ne crois pas que _____

9. Je propose que _____

10. Je pense que _____

## II. FONCTION: Les hypothèses

**A. Des situations à éviter?** Changez les phrases suivantes pour les rendre moins probables.

   MODELE: Si Jean est complexé, il se laissera intimider. →
           Si Jean était complexé, il se laisserait intimider.

1. Si Paul manque de confiance, il répondra timidement.

   _____

2. Si nous ne pardonnons pas aux autres, notre vie sera pleine de rancune.

   _____

3. Les professeurs se mettront en colère si les étudiants ne viennent pas aux cours.

   _____

4. Si nous sommes inquiets, nous aurons du mal à dormir.

   _____

5. Pendant la période des examens finals, s'ils le peuvent, les étudiants ne passeront pas de nuits blanches.

   _____

   _____

**B. Des situations à éviter? (suite).** C'est trop tard maintenant et, pour le meilleur et pour le pire, il faut mettre les phrases ci-dessus au passé.

   MODELE: Si Jean avait été complexé, il se serait laissé intimider.

1. _____

2. _____

3. _____

4. _____

5. _____

**C. Toutes sortes de maladies.** Complétez les phrases suivantes avec l'expression donnée. Faites attention à la concordance des temps des verbes.

1. Si on avait la grippe / avoir aussi de la fièvre

   _____

2. Si Jacqueline avait le nez qui coulait / se moucher souvent

   _____

3. Si nous avions eu une grippe intestinale / souffrir davantage

   _____

4. Si vous avez mal à la tête / faire bien de prendre de l'aspirine

   _____

5. Si elles avaient eu une bronchite / tousser beaucoup

   _____

6. Si je me coupais le bout du doigt / avoir une cicatrice

   _____

7. Si tu t'étais cassé la jambe / devoir marcher avec des béquilles

   _____

8. Si on se cogne / avoir un bleu

   _____

9. Si nous étions malades / fixer rendez-vous chez le médecin

   _____

# Réponses aux exercices

A noter:  *Réponse modèle:* indique que d'autres réponses sont aussi possibles.

## CHAPITRE 1

### EXERCICES ORAUX

**A l'écoute**

**A.** droit, psychologie / sociologie, économie

**C. 1.** b **2.** c **3.** g **4.** e **5.** d **6.** f **7.** a

**D.** Cat. 1: les étudiants en droit: un blazer, un pantalon beige, des mocassins, attaché-case en cuir; des jupes grises, des tailleurs

Cat. 2: les étudiants en psychologie / sociologie: des trucs violets, des vestes en laine avec des boutons en bois

Cat. 3: les étudiants en économie: costumes très habillés, attaché-case en cuir

Les étudiants ordinaires: un jean, des pulls Bénétton, des mocassins, des blousons noirs en cuir, des trucs pratiques

On ne porte jamais de baskets.

**Dictée:** nom de la princesse: Blanche neige

### EXERCICES ECRITS

**Paroles**

**A. 1.** ...Paul est petit. **2.** ...Michel est mince. **3.** ...cheveux châtains frisés, mais Paul a les cheveux blonds et raides. **4.** ...Paul est gros et maladroit. **5.** ...Paul porte des lunettes.

**B. 1.** désagréable et antipathique **2.** agressive et bavarde **3.** facile à vivre **4.** ennuyeuse **5.** travailleuse

**C. 1.** un pull ou un blouson **2.** imprimée **3.** de chaussettes **4.** un tailleur **5.** un chemisier blanc **6.** son imperméable **7.** un parapluie **8.** une cravate **9.** son manteau et des gants **10.** un jogging et un polo **11.** de grosses chaussettes blanches

**D.** Réponse modèle: **1.** une jeune fille sportive: un short blanc, (un tee-shirt jaune)

**E.** Réponse modèle: Je n'aime pas porter mes baskets en classe.

**Structures**

**A.** Catherine est grande et belle. Elle est aussi dynamique et toujours active. En général elle n'est pas trop travailleuse, mais au moment des examens elle devient très studieuse. Parfois elle est frivole et légère, surtout quand elle sort avec ses amis.

**B.** Bertrand et Catherine sont grands et beaux. Ils sont aussi dynamiques et toujours actifs. En général ils ne sont pas trop travailleurs, mais au moment des examens ils deviennent très studieux. Parfois ils sont frivoles et légers, surtout quand ils sortent avec leurs amis.

**C. 1.** les cheveux blonds **2.** une belle jupe / une ceinture blanche **3.** une jolie jeune femme / à la dernière mode **4.** des jeunes mannequins / des vêtements chic **5.** des vêtements sportifs.

**E. 1.** une femme pauvre **2.** l'histoire ancienne **3.** un ancien professeur **4.** la semaine dernière **5.** la dernière semaine **6.** des chemises propres **7.** une chère amie **8.** des vêtements chers **9.** mes propres chaussures

# CHAPITRE 2

**EXERCICES ORAUX**

**Avant d'écouter**

1. *banlieue* = suburb  2. *mécanicien* = mechanic  3. *décédé* = deceased

**A l'écoute**

**A.** 1. V  2. F  3. V  4. V  5. V  6. V  7. F  8. F  9. F  10. V

**B.**

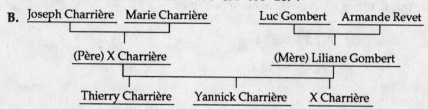

**C.** 1. Thierry: 26 ans, marié, un enfant  2. L'autre frère: 18 ans, étudiant  3. La mère de Yannick: employée de banque, habite dans la banlieue parisienne  4. Le père de Yannick: mécanicien, habite à Paris, voyage beaucoup en Afrique  5. Grands-parents: Joseph Charrière: vit dans les Alpes, veuf; Armande Revet: divorcée, remariée

**Paroles**

**D.** Réponses modèles:  1. Je suis célibataire.  2. Il y a ma mère, mon père et mon frère.  3. Non, mes grands-parents sont décédés.  4. Ma tante Léonie est grande et sportive. Elle a les cheveux gris et un gros sourire.

**Structures**

**D.** 1. 7h30  2. 8h30  3. étudier à la bibliothèque  4. aller au cours de biologie  5. renter dans ma chambre regarder la télé  6. 14h  7. faire du jogging  8. 18h  9. faire les devoirs  10. minuit

**Dictée:** On décrit la photo #3.

**EXERCICES ECRITS**

**Paroles**

**A.** 1. demi-frères  2. décédé ou mort  3. veuve  4. célibataire  5. divorcée  6. enfants (fils)  7. célibataires  8. mari  9. femme

**B.** Réponse modèle:  Jean-Marc Crecy est le mari d'Anne.

**C.** 1. un appareil photo  2. noir et blanc  3. réussies  4. des diapositives  5. filme  6. fait des vidéos

**Structures**

**A.** 1. toujours  2. parfois  3. Malheureusement  4. constamment  5. peut-être

**B.** 1. m'appelle  2. habite  3. est  4. correspond  5. viennent  6. semble  7. nous amusons  8. travaillent  9. part  10. me réveille  11. doit  12. a  13. obéit  14. nous entendons  15. adore  16. finissent  17. vont

**C.** 1. Robert ne se lève jamais de bonne heure.  2. Robert ne fait jamais rien de gentil pour personne.  3. Robert n'a aucune photo nulle part.  4. Robert n'a ni appareil photo ni caméscope.

**D.** 1. personne  2. ne fait jamais rien  3. ni appareil photo ni caméscope  4. aucune  5. rien; très bien

**E.** Réponse modèle:  Malheureusement, je n'ai plus le temps de regarder la télé.

# CHAPITRE 3

**EXERCICES ORAUX**

**Avant d'écouter**

1. goûts  2. endroit  3. en bas âge  4. se rendre  5. niveaux  6. aménagement

## A l'écoute

**A.** 1. V 2. V 3. F 4. V 5. F 6. F 7. F

**B.** 1. le prix, l'endroit (la situation) 2. goûts

**C.**

| | | OUI | NON | NOMBRE | OÙ? | |
|---|---|---|---|---|---|---|
| | | | | | REZ-DE-CHAUSSEE | ETAGE |
| MODELE: | garage | X | | 1 | X | |
| | cuisine | ✓ | | 2 | ✓ | ✓ |
| | salle de bains | ✓ | | 2 | ✓ | ✓ |
| | salon | ✓ | | 1 | | ✓ |
| | bureau | | ✓ | | | |
| | chambre(s) | ✓ | | 4 | ✓ | ✓ |
| | buanderie (*laundry room*) | ✓ | | 1 | ✓ | |
| | cheminée | ✓ | | 1 | ✓ | |

## Paroles

**D.** Réponse modèle: 1. Il y a un fauteuil et une lampe dans ma chambre.

## Structures

**D.** Réponses modèles: 1. Il y a une cuisinière électrique, un frigo et un lave-vaisselle. 2. Il y a un poste de télévision avec magnétoscope et la chaîne stéréo de mes parents. 3. Il y a trois voitures dans la famille; elles sont à papa, à maman et à moi. 4. Dans ma chambre, il y a ma chaîne stéréo, mon poste de télé et mon poste de radio. 5. J'aimerais avoir un ordinateur et un magnétoscope à moi.

## EXERCICES ECRITS

### Paroles

**A.** 1. la lessive 2. la machine à laver 3. le sèche-linge 4. le fer à repasser 5. l'aspirateur 6. le frigo 7. le placard 8. le four à micro-ondes 9. essuie 10. lave-vaisselle 11. la télé 12. la radio 13. des disques

**B.** 1. dans la salle de bains 2. dans la chambre 3. dans le séjour 4. dans la salle à manger 5. au sous-sol 6. dans la cuisine 7. dans le grenier

**D.** Réponses modèles: 1. Une personne qui aime l'art du dix-neuvième siècle achète un tableau impressionniste. 2. Une famille qui aime faire du camping achète une caravane. 3. Un agent de voyages achète un ordinateur. 4. Une femme qui aime bien voir des films achète un magnétoscope. 5. Des amateurs de musique achètent des cassettes de musique. 6. Un étudiant d'université qui aime rouler vite achète une voiture de sport.

### Structures

**A.** 1. La famille Leblon se lève à 10h tous les jours alors que nous ne nous levons pas à 10h tous les jours. 2. La famille Leblon possède deux résidences secondaires alors que nous ne possédons pas deux résidences secondaires. 3. La famille Leblon essaie de manger beaucoup de légumes alors que nous n'essayons pas de manger beaucoup de légumes. 4. La famille Leblon envoie des cartes de vœux pour le Nouvel An alors que nous n'envoyons pas de cartes de vœux pour le Nouvel An. 5. La famille Leblon préfère dîner à minuit alors que nous ne préférons pas dîner à minuit. 6. La famille Leblon mange toujours sur la terrasse en hiver alors que nous ne mangeons pas toujours sur la terrasse en hiver. 7. La famille Leblon jette son linge sale dans le jardin alors que nous ne jetons pas notre linge sale dans le jardin.

**B.** 1. Où est-ce qu'on aime dîner? 2. Quels plats est-ce qu'on préfère? 3. Pourquoi est-ce que les jeunes préfèrent les plats surgelés? 4. Combien de temps est-ce qu'on passe à dîner en semaine? 5. Quand est-ce qu'on fait généralement la vaisselle? 6. Quelles émissions est-ce que les jeunes aiment?

**C.** 1. Où aime-t-on dîner? 2. Quels plats préfère-t-on? 3. Pourquoi beaucoup de jeunes préfèrent-ils les plats surgelés? 4. Combien de temps passe-t-on à dîner en semaine? 5. Quand fait-on généralement la vaisselle? 6. Quelles émissions les jeunes aiment-ils?

**D.** Réponses modèles: **1.** Depuis combien de temps est-ce que vous faites ce travail? **2.** Préférez-vous interroger les gens dans la rue ou chez eux? **3.** Quelles questions agacent les gens? **4.** Pourquoi est-ce que vous passez votre temps à interroger les gens?

# CHAPITRE 4

## EXERCICES ORAUX

### A l'écoute

**A.** 3, 1, 4, 2, 8, 5, 7, 6

**B. 1. a.** 2 ans, 3 ans **b.** 6 ans **c.** 11 ans **2. a.** huit heures moins le quart **b.** 8h30 **c.** 11h30 **d.** 2h **e.** 5h **3. a.** dessin, choses matérielles **b.** jouer au foot, discuter **4.** géométrie **5.** Les autres élèves étaient nuls; Samuel était le meilleur.

### Paroles

**D.** Réponse modèle: **1.** Ce trimestre, je suis des cours de danse moderne et de psychologie.

### Structures

**D.** Réponse modèle: Non, je n'ai pas suivi de cours d'informatique.

## EXERCICES ECRITS

### Paroles

**A.** 2–5: à l'école maternelle; 6–11: à l'école primaire; 11–15: au CES; 15–18: au lycée

**B. 1.** g **2.** b **3.** h **4.** k **5.** e **6.** i **7.** a **8.** l **9.** c **10.** d **11.** j **12.** f

**C.** Réponse modèle: un livre

### Structures

**A. 1.** nous avons répondu **2.** Jean et Marc ont fini **3.** je suis entré(e) **4.** elle s'est levée **5.** vous avez compris **6.** tu as ouvert **7.** Claude a dit **8.** elles ont fait **9.** j'ai été **10.** tu as eu **11.** nous avons mis **12.** vous avez bu **13.** ils se sont écrit **14.** elle a connu **15.** elles sont venues **16.** nous avons couru **17.** Nathalie est arrivée **18.** je suis allé(e) **19.** Nicolas est descendu **20.** vous êtes sorti(e)(s)

**B. 1.** — **2.** as **3.** es **4.** sont **5.** s **6.** avons **7.** — **8.** s **9.** avons **10.** — **11.** avons **12.** — **13.** avons **14.** — **15.** est **16.** — **17.** est **18.** — **19.** avons **20.** — **21.** ont **22.** — **23.** avons **24.** —

**D. 1.** rien **2.** pas **3.** aucune **4.** personne **5.** complètement **6.** sûrement **7.** peut-être

# CHAPITRE 5

## EXERCICES ORAUX

### A l'écoute

**B. 1.** Avec qui? grande sœur, copines; Où? à la maison (salle de jeux); A quoi? à la poupée, papa/maman; Quand? après l'école, mercredi ou jeudi **2.** Elles allaient au cinéma; elles allaient boire un pot au café. **3. a.** livres d'aventures, de mystères **b.** littérature: Zola, Balzac, Beckett, Sartre, Camus **4.** obéissante, sage

**C. 1.** F **2.** F **3.** V **4.** V

### Paroles

**D.** Réponse modèle: **1.** Ma grand-mère me gâtait quand j'étais enfant.

## EXERCICES ECRITS

### Paroles

**A. 1.** Il fait de la musculation. **2.** Il fait du basket. **3.** Ils font du tennis. **4.** Il fait du ski. **5.** Il fait du foot. **6.** Il fait de l'équitation.

**B. 1.** mal élevée **2.** malpolie **3.** obéissante **4.** désobéissante **5.** affectueuse **6.** se battaient **7.** grondaient **8.** demandait pardon **9.** punissaient **10.** méchante **11.** sage

**C.** Réponses modèles: Si nous dansions? Si nous buvions de la bière? Si nous passions des compacts de jazz?

**D.** Réponse modèle: **1.** En ce qui concerne mon comportement, j'étais une enfant sage.

**Structures**

**A. 1.** J'avais **2.** J'étais **3.** j'essayais **4.** disaient **5.** j'étais **6.** avouaient **7.** commençais **8.** faisait **9.** adorions **10.** faisions **11.** étions **12.** faisions **13.** m'ennuyait **14.** J'étudiais **15.** m'amusais **16.** allait **17.** organisait **18.** c'était **19.** écoutions **20.** dansions

**B.** J'allais à leur école, je suivais..., je dormais..., je ne voulais pas..., je flânais..., j'apprenais..., je dansais..., je marchais...

**C. 1.** venais de **2.** allais **3.** allais **4.** étaient en train de **5.** allais **6.** allais

**D.** Réponse modèle: Mon frère adorait la glace mais il détestait les légumes.

## CHAPITRE 6

## EXERCICES ORAUX

**A l'écoute**

**A.** a, b, d, e, f, h

**B. 1.** c **2.** a **3.** e **4.** b **5.** f **6.** j **7.** i **8.** h **9.** d **10.** g

**C. 1.** F: Seulement un pourcentage. **2.** F: $7\frac{1}{2}$% **3.** F: 50 centimes, 1F et 1F20. **4.** V **5.** V **6.** F: 5 semaines **7.** F: La deuxième semaine. **8.** F: Mercredi et vendredi jusqu'à 22h.

**Structures**

**D.** Question possible: Depuis quand habitez-vous Trois-Rivières?

## EXERCICES ECRITS

**Paroles**

**A. 1.** d **2.** c **3.** e **4.** f **5.** a **6.** g **7.** h **8.** b

**B. 1.** Elle a fait une demande d'emploi. **2.** Elle a tout de suite envoyé son curriculum vitae. **3.** Elle a expliqué ses aptitudes au patron. **4.** Elle a demandé les détails du salaire au patron. **5.** Elle a été très contente d'être embauchée. **6.** Elle a enfin passé sa première journée au bureau. **7.** Elle a été surmenée tous les jours de la semaine. **8.** Elle n'a pas eu de congés. **9.** Elle a très gentiment demandé une augmentation de salaire. **10.** Elle s'est fâchée et a donné sa démission.

**C. 1.** Barbara travaille comme caissière. Elle travaille dans un supermarché. **2.** Jean travaille comme vendeur. Il travaille dans une boutique. **3.** Marie travaille comme secrétaire. Elle travaille dans un bureau. **4.** Annick travaille comme chauffeur. Elle travaille dans un taxi.

**Structures**

**A. 1.** Qu'est-ce que la grande vie? **2.** De quoi Pouce et Poussy ont-elles besoin? **3.** A qui Pouce et Poussy pensent-elles souvent? **4.** Qu'a dit maman Janine? **5.** Qui «les deux terribles» ont-elles rencontré à l'atelier de confection?

**B. 1.** Qu'est-ce que c'est qu'un curriculum vitae? **2.** Quel est le salaire? **3.** Quelles sont les heures de travail? **4.** Qu'est-ce que c'est qu'un jour de congé? **5.** Qu'est-ce que c'est qu'un postulant?

**C. 1.** A quoi Marie Duclerc a-t-elle répondu? **2.** Qu'a-t-elle fait? **3.** Où Marie s'est-elle présentée? **4.** A qui la postulante a-t-elle parlé? **5.** De quoi Mme Lafayette avait-elle besoin? **6.** Qui Mme Lafayette a-t-elle embauché?

**D. 1.** Lesquels cherchaient des assistants? **2.** Avec lesquels est-ce qu'elle voulait parler? **3.** Quelles questions as-tu trouvées les plus étranges? **4.** Avec laquelle as-tu parlé? **5.** Pour lequel est-ce qu'on t'a engagée?

**E.** Question possible: Pour combien d'heures par semaine avez-vous besoin de quelqu'un?

CHAPITRE 7

## EXERCICES ORAUX

### Etude de mots

**1.** d **2.** c **3.** b **4.** a **5.** f **6.** h **7.** g **8.** e

### A l'écoute

**A. 1.** F **2.** V **3.** F **4.** V **5.** F **6.** V **7.** F

**B. 1.** d'en face **2.** L'autre voiture roulait très vite. Elle est venue nous accrocher dans un virage. **3.** Non, pas de blessés. **4.** Le côté gauche de la voiture est tout enfoncé. **5.** Il s'est échappé dans les champs. **6.** deux **7.** Le fait que le conducteur et son compagnon essayaient de s'échapper. **8.** Oui. Les passagers du car qui est arrivé derrière nous.

**C. 1.** pas de permis **2.** voiture volée **3.** refus de coopérer avec la police

### Phonétique

**A. 1.** pc **2.** imp **3.** imp **4.** pc **5.** imp **6.** pc **7.** imp **8.** pc

### Paroles

**D.** Réponse modèle: **1.** Le plus souvent, je conduis une voiture de sport allemande.

### Structures

**D.** Réponse modèle: **1.** J'avais seize ans quand j'ai conduit ma première voiture.

## EXERCICES ECRITS

### Paroles

**B. 1.** portière / monter dans la voiture. **2.** regarder le moteur. **3.** le coffre / mettre ses affaires dedans. **4.** chercher une carte. **5.** le volant / conduire la voiture.

**C.** Réponse modèle: Le rétroviseur sert à voir derrière la voiture.

**D.** Question possible: Pourquoi est-ce que l'ancien propriétaire a décidé de vendre cette voiture?

### Structures

**A. 1.** sommes partis **2.** était **3.** pleuvait **4.** a commencé **5.** avait **6.** avons choisi **7.** était **8.** devait **9.** conduisions **10.** j'ai proposé **11.** voulait **12.** nous sommes arrêtés **13.** pleuvait **14.** pouvions **15.** avons fait **16.** sommes repartis **17.** pensais **18.** était **19.** faisait **20.** conduisait **21.** ai proposé **22.** n'a pas voulu (ne voulait pas) **23.** J'ai dû **24.** sommes arrivés **25.** était **26.** avait **27.** avons eu **28.** avons pu

**B. 1.** voulait **2.** a pu **3.** pouvait **4.** voulait **5.** a dû **6.** savait **7.** a su **8.** a voulu **9.** ne voulait pas **10.** savait **11.** a dû

**C. 1.** il y a **2.** depuis **3.** Pendant **4.** Depuis **5.** pendant **6.** depuis **7.** pendant **8.** depuis **9.** depuis

**D. 1.** Il faisait **2.** nous sommes partis **3.** Nous avions **4.** nous sommes arrivés **5.** nous voulions **6.** Nous avons garé **7.** nous nous sommes installés **8.** le ciel s'est couvert **9.** il a commencé **10.** Nous avons couru **11.** nous avons terminé

CHAPITRE 8

## EXERCICES ORAUX

### Avant d'écouter

**A. 1.** rénové **2.** subventions, revenu **3.** Les waters **4.** répertoriés, diffusés

### A l'écoute

**A. 1.** oui, 3 **2.** oui, 1 **3.** oui, 2 **4.** oui, 4 **5.** non **6.** oui, 6 **7.** oui, 5

**B. 1.** V **2.** F **3.** V **4.** V **5.** F **6.** F **7.** V

**C. 1.** logement répertorié; descriptif diffusé dans tous les offices de tourisme en France et à l'étranger **2.** côté esthétique; revenu complémentaire **3.** Parisiens, Allemands, familles

### Paroles

**D. Réponse modèle: 2.** Je voyage avec ma sœur et notre meilleure amie.

### Structures

**D. Réponse modèle: 1.** Avant de partir, j'avais cherché mon maillot et une crème spéciale pour la peau sensible.

## EXERCICES ECRITS

### Paroles

**A. 1.** On peut se baigner, prendre un bain de soleil. **2.** On peut plonger ou nager. **3.** On peut faire du cyclisme, de l'équitation. **4.** On peut aller dans une discothèque ou au cinéma. **5.** On peut bricoler ou coudre.

**B. 1.** e **2.** b **3.** c **4.** d **5.** a

### Structures

**A. 1.** ai promise **2.** nous sommes réveillés **3.** était **4.** pleuvait **5.** sommes sortis **6.** avait **7.** avait plu **8.** avons trouvé **9.** servait **10.** a commandé **11.** j'ai pris **12.** brillait **13.** avons décidé **14.** avons trouvé **15.** voulions **16.** avait **17.** faisait **18.** avons changé **19.** nous sommes arrêtés **20.** avons décidé **21.** faisait **22.** pouvions **23.** avait **24.** nous sommes dépêchés **25.** sommes descendus **26.** avons passé **27.** avaient recommandés **28.** étaient **29.** avons vu **30.** dataient **31.** avions **32.** avons trouvé **33.** servait **34.** était **35.** sommes allés **36.** jouait **37.** sommes **38.** restés **39.** avait **40.** fallait

**B. 1.** Hélène a dit que la mer était très belle et que les plages étaient bondées. **2.** Hélène a dit qu'elle avait fait de la planche à voile deux ou trois fois. **3.** Hélène a dit qu'elle avait voulu ramasser des coquillages, mais qu'il n'y en avait pas. **4.** Hélène a dit que toutes les spécialités culinaires venaient de la mer. **5.** Hélène a dit qu'elle avait beaucoup aimé la bouillabaisse. **6.** Hélène a dit qu'il y avait des boîtes de nuit super et même des casinos. **7.** Hélène a dit qu'elle avait drôlement regretté de partir.

**C. 1.** Maman voulait savoir s'il avait beaucoup neigé. **2.** Maman voulait savoir à quelle heure je me levais. **3.** Maman voulait savoir qui j'avais rencontré d'intéressant. **4.** Maman voulait savoir s'il y avait toujours beaucoup de monde sur les pistes. **5.** Maman voulait savoir ce que j'avais fait d'autre.

**E. Réponse modèle:** J'avais mis un pantalon noir et un pull vert clair.

CHAPITRE 9

## EXERCICES ORAUX

### A l'écoute

**A. 1.** non **2.** oui **3.** oui **4.** oui **5.** non **6.** oui

**B. 1.** arrivée du train à Montparnasse **2.** petit déjeuner, petite promenade dans Paris **3.** enregistrer les bagages, passer à la douane **4.** annonce du vol **5.** départ vers la piste d'envol **6.** retour au satellite d'embarquement **7.** attente **8.** restaurant **9.** hôtel **10.** départ de l'hôtel (en bus) / retour à l'aéroport **11.** départ de l'avion

**C. 1.** F **2.** F **3.** V **4.** F **5.** F

### Phonétique

**1.** tout **2.** vu **3.** pur **4.** boule

### Paroles

**D. 1.** Je vais prendre un avion. **2.** Paris est ma destination. **3.** Je dois me présenter à la porte numéro neuf. **4.** Il faut m'y présenter immédiatement.

## EXERCICES ECRITS

**Paroles**

**A.** 1. d  2. a  3. b  4. g  5. h  6. e  7. f  8. c

**B.** 1. le contrôleur  2. le steward  3. l'hôtesse de l'air  4. le douanier

**C.** Réponse modèle: Il faut attacher la ceinture de sécurité. Il ne faut pas vous promener dans l'avion.

**D.** Réponses possibles: 1. De Chicago  2. Je compte rester trois mois; je vais suivre un cours de langue à Pau.  3. Rien du tout.

**Structures**

**A.** 1. Oui, je les ai enregistrés.  2. Oui, il l'a attachée.  3. Non, nous ne l'avons pas regardé.  4. Oui, il les a tous mangés.  5. Bien sûr qu'il les a remerciés.  6. Oui, nous les avons tous trouvés à l'arrivée.  7. Oui, il lui a montré son passeport.  8. Heureusement qu'il ne l'a pas inspectée.  9. Je ne sais pas si je veux les accompagner en Afrique l'année prochaine.

**B.** 1. Enregistre-les.  2. Ne le lui montre pas.  3. Montre-le.  4. Attache-la.  5. Dis-leur merci.  6. Cherche-les.

**C.** 1. Oui, c'est une bonne idée. Consulte-le pour le vérifier.  2. Oui, c'est une bonne idée. Réserve-la à l'avance.  3. Oui, c'est une bonne idée. Mets-les à la consigne.  4. Oui, c'est obligatoire. Composte-le à l'entrée du quai.  5. Oui, c'est obligatoire. Montre-le-lui.  6. Oui, c'est une bonne idée. Apporte-le dans le train.  7. Non, tu n'es pas obligée de le lui montrer à la frontière.

**D.** 1. Oui, maman, je suis sûr que j'ai tout remis dans ma valise.  2. Non, maman, je ne l'ai pas oublié.  3. Non maman. Je ne les ai pas oubliées.  4. Non, maman, je ne les lui ai pas rendues.  5. Non, maman, je ne l'ai pas perdu.

**E.** 1. tout  2. Tout  3. tout  4. tous  5. toutes  6. tous  7. tout  8. tout

CHAPITRE 10

## EXERCICES ORAUX

**Avant d'écouter**

**A.** 1. b  2. c  3. a  4. d  5. f  6. e

**B.** les études supérieures de commerce

**A l'écoute**

**A.** 2, 1, 3, 5, 4

**B.** 1. V  2. F  3. F  4. V  5. V  6. V

**Paroles**

**D.** Réponse modèle: 1. Je me destine à une profession médicale.

**Structures**

**D.** Réponse modèle: 1. Je compte rentrer chez moi.

## EXERCICES ECRITS

**Paroles**

**A.** 1. à l'université  2. à l'Institut Universitaire de Technologie  3. à un Centre Hospitalier Universitaire  4. à l'école des Hautes Etudes Commerciales  5. à l'Ecole Nationale d'Administration  6. à un College d'Enseignement Technique

**B.** 1. avocate  2. x  3. infirmière  4. administratrice  5. chercheuse  6. pharmacienne  7. x

**C.** 1. chercheur, ingénieur  2. administrateur, gestionnaire  3. médecin, infirmier  4. femme de ménage, plombier  5. avocate, juge  6. PDG, cadre  7. professeur, administrateur

**D.** Réponses possibles: 1. Pour devenir dentiste, on va dans un Centre Hospitalier Universitaire. Les études durent cinq ans.  2. Si vous voulez devenir professeur de français, vous pouvez vous spécialiser en français à l'université.  3. On fait des études à la faculté de droit à l'université pour devenir avocat(e).

**4.** Si on veut devenir psychologue, on se spécialise en sciences humaines. **5.** Les futurs chimistes font des études scientifiques à l'université.

**Structures**

**A.** 1. à  2. x  3. de  4. à  5. x  6. x  7. à  8. x  9. x  10. à  11. x  12. x  13. de  14. à

**B.** Réponse modèle: J'espère gagner un million de dollars à la loterie.

**C.** 1. après avoir dîné  2. après être allé(e) au labo  3. après avoir pris une douche  4. après m'être brossé les dents  5. après être rentré(e) à la maison  6. après avoir passé tous les examens finals

**D.** 1. de ne pas être venu(e)  2. inventer des excuses  3. de vous dire  4. de vous la révéler  5. d'avoir manqué

**E.** Réponse modèle: 1. J'ai l'intention d'être plus sympathique.

## CHAPITRE 11

### EXERCICES ORAUX

**A l'écoute**

**A.** 1. 79 ans  2. 15–18 ans, 35–40 ans, âge de la retraite

**B.** 1. bien choisir son métier, mariage, famille  2. continuer (améliorer) sa carrière  3. échapper à l'ennui

**C.** 1. lycée et école normale d'institutrice  2. études spéciales pour changer de cadre; professeur de collège, en lettres (littérature)  3. Ils se sentent rejetés; besoin de se sentir encore importants, et d'échapper à l'ennui.  4. *relief*

**Paroles**

**D.** Réponse modèle: 1. Oui, je la regarde tous les jours.

**Structures**

**D.** Réponse modèle: 1. Pour moi, réussir dans la vie, c'est aider les autres.

### EXERCICES ECRITS

**Paroles**

**A.** 1. verra  2. les astronautes  3. Les satellites  4. énergie  5. déchets nucléaires  6. des étoiles  7. aura  8. le chômage  9. la pollution

**B.** 2. Tu allumeras.  3. Tu régleras le son et l'image.  4. Tu regarderas l'émission.  5. Tu changeras de chaîne pour choisir une émission.  6. Tu éteindras.

**D.** 1. dans 25 minutes  2. demain  3. après-demain  4. dans huit jours  5. le mois prochain  6. l'année prochaine  7. dans 3 ans

**Structures**

**A.** j'irai, tu seras, elle fera, il faudra, nous pourrons, vous viendrez, ils achèteront, Jean préférera, vous rappellerez-vous?, nous verrons, je me lèverai, ils se dépêcheront

**B.** 1. irons  2. sera  3. verrons  4. arriverons  5. viendront  6. recevront  7. essaierons  8. fera  9. découvrirons  10. aurons  11. devrons  12. appellera  13. nous mettrons

**C.** 1. à  2. dans le  3. à  4. le  5. à  6. à  7. le  8. la  9. à  10. à  11. au  12. à

**D.** 1. en Italie / à Rome  2. au Danemark / à Copenhague  3. en Espagne / à Madrid  4. aux Pays-Bas / à Amsterdam  5. au Portugal / à Lisbonne  6. en France / au Havre

**F.** Réponse modèle: 4. En l'an 2020, je passerai mes vacances sur la lune.

# CHAPITRE 12

## EXERCICES ORAUX

### A l'écoute

**A.** 3, 4, 5, 6

**B.** 1. 21 ans 2. Paris 3. Noire 4. Martinique 5. famille sans père; culture antillaise 6. La petite fille à l'école qui lui a demandé pourquoi elle avait la peau foncée, était-ce parce qu'elle ne se lavait pas? 7. le fait qu'elle excellait à l'école et qu'elle avait toujours parlé français

**C.** 1. Problème de langue: ils n'ont pas à communiquer en français jusqu'à ce qu'ils aillent à l'école. 2. Beaucoup de parents français ont voulu retirer leurs enfants des écoles fréquentées aussi par les Arabes; ils sentaient que leurs enfants étaient négligés. 3. les normes d'hygiène 4. Ils ne jouent jamais ensemble. 5. phénomène social et politique qu'on ne peut pas ignorer

### Paroles

**D.** Réponse modèle: 1. Je suis contre le racisme parce que c'est un sentiment destructeur.

## EXERCICES ECRITS

### Paroles

**A.** 1. un citoyen 2. une résidente illégale 3. le racisme 4. une émeute 5. enfreindre les lois 6. être jugé coupable 7. accueillir les immigrés

**B.** 1. a 2. c 3. d 4. b 5. e 6. f

**C.** 1. les lois 2. privilèges 3. à une manifestation 4. à une grève 5. à une émeute 6. des agents de police 7. les flics 8. commettent 9. poursuivis 10. coupables 11. peines 12. le racisme 13. des préjugés 14. le chauvinisme

### Structures

**A.** 1. que je fasse 2. que nous soyons 3. qu'elles aient 4. que tu ne puisses pas 5. que vous descendiez 6. qu'il prenne 7. que tu saches 8. que je finisse 9. qu'elles aillent 10. qu'il s'intègre

**B.** 1. Je ne pense pas qu'il soit nécessaire 2. Je doute que les immigrés veuillent 3. Je veux aider 4. Il est temps que le gouvernement fasse quelque chose 5. Les immigrés ont peur de trouver 6. Beaucoup de citoyens regrettent que les immigrés soient victimes

**C.** 1. avant qu' 2. avant d' 3. afin de 4. jusqu'à ce que / pour 5. A moins qu' 6. pour que 7. Avant de / quoiqu'

# CHAPITRE 13

## EXERCICES ORAUX

### A l'écoute

**A.** 1. 7 ans; lait au chocolat, tartines 2. 11 ans; fromage blanc, riz au lait avec cornflakes, yaourt 3. 14 ans; fromage blanc, fruit

**B.**

|  |  | MARINA | SAMUEL | KARINE |
|---|---|---|---|---|
|  | Hors-d'œuvre | pommes de terre à la vinaigrette | salades de riz composées (avec maïs, thon, tomates, etc.) | salades composées (pommes de terre, tomates, concombres) |
|  | Plat principal | spaghettis | croissants fourrés | pizzas, croque-monsieur (sandwich au jambon et au fromage) |
|  | Légumes | haricots au beurre | petits pois, carottes | pommes de terre |
|  | Dessert | riz au lait, fruits | tartes | crêpes au sucre ou à la confiture |

**C. 1.** le lait **2.** salade avec plusieurs ingrédients. Exemples: riz et maïs, thon, tomates; pommes de terre, tomates, concombres. **3.** jambon, gruyère

## EXERCICES ECRITS

### Paroles

**A. 1.** J **2.** R + J **3.** R **4.** R + J **5.** R **6.** J **7.** R **8.** J **9.** R + J **10.** R + J

**B.** Les hors-d'œuvre: un potage aux champignons, des crudités variées, du pâté de campagne. L'entrée: des coquilles St-Jacques, des escargots à la provençale, des huîtres. Les plats garnis: un steak-frites, de l'agneau au curry, des côtes de porc. Les fromages: du camembert, du chèvre frais, du pont-l'évêque. Les desserts: un gâteau maison, une tarte aux abricots, une glace à la fraise.

**C. 1.** du chocolat **2.** du café au lait **3.** du vin **4.** de l'eau minérale **5.** une boisson gazeuse **6.** un jus de fruit

**D.** Non, merci, je ne prends pas d'apéritif. Je prends un cocktail de crevettes. Je prends le pavé. Je l'aime saignant. La mousse au chocolat. Un pichet de gamay.

### Structures

**A. 1.** les genoux **2.** les yeux bleus **3.** des feux d'artifice **4.** des choux à la crème **5.** des travaux culinaires **6.** des clous de girofle **7.** des salles à manger **8.** des hors-d'œuvre **9.** des messieurs **10.** Mesdemoiselles

**B. 1.** messieurs **2.** une secrétaire **3.** un chanteur **4.** un professeur **5.** un étudiant **6.** une vedette de cinéma **7.** une grand-mère **8.** des jeunes gens

**C. 1.** l', qui, un **2.** Le, qu' **3.** Les, dont **4.** Le, qui, le **5.** de, de, du **6.** qui, la, le, de l' **7.** où, une, dont, dont **8.** qui **9.** qui, l', que, que **10.** la, qu' **11.** qu', une, dont, une, qui **12.** de la, de, de

**D. 1.** ...je n'ai pas envie de faire la cuisine **2.** ...ne sont pas très grands **3.** ...on m'a parlé **4.** ...je ne comprends pas sur la carte **5.** ...j'ai oublié mon portefeuille

**E.** Réponse modèle: Quand je suis malade, je bois du thé.

## CHAPITRE 14

## EXERCICES ORAUX

### A l'écoute

**B. 1.** b **2.** b **3.** c **4.** a **5.** c

**C. 1.** V **2.** F **3.** V **4.** F **5.** V **6.** F

**D.** Un repas traditionnel: le fafa, les racines, le poisson cru, le fruit de l'arbre de pain, le mitihué. Un repas ordinaire: la cuisine chinoise: du riz, pas beaucoup de légumes, du poisson, de la viande, des fruits tropicaux

### Structures

**D.** Réponse modèle: **1.** Dans mon frigo, il y a des carottes, de la bière, du lait, de la moutarde, de la salade.

**E.** Réponse modèle: **1.** Du fromage? J'en mange moins que le Français moyen.

**Dictée:** Le marchand essaie de vendre (b) des herbes de Provence

## EXERCICES ECRITS

### Paroles

**B. 1.** frais: des bananes, des kiwis, des asperges **2.** en boîte: du sucre, des céréales **3.** secs: des pâtes, du riz **4.** en poudre: du sucre, du café **5.** surgelés: de la glace, des petits pois

**C. 1.** tasse **2.** cuillerées; pincée **3.** grammes **4.** cuillerée **5.** tranches **6.** morceau

### Structures

**A. 1.** en **2.** les y **3.** en **4.** l' **5.** la **6.** l'y **7.** l' **8.** l' **9.** l'y **10.** en **11.** m'en

**B. 1.** J'en avais besoin pour servir en entrée. **2.** Je lui ai longuement parlé. **3.** Ensuite, je m'y suis arrêté(e) pour en prendre. **4.** En sortant, j'y suis allé(e) pour en chercher. **5.** Je l'ai rencontré. **6.** Il m'a persuadé(e) de les essayer. **7.** Avant de rentrer, j'ai dû y en prendre un. **8.** En arrivant à la maison, je m'en suis souvenu(e).

**C. 1.** Cherche-le! **2.** Mets-les sur la table! **3.** Prends-en trois, pas quatre! **4.** Sors-la! **5.** Souviens-toi de le préchauffer! **6.** Ne les mets pas dans le sucre!

**D. 1.** moi **2.** elle **3.** moi **4.** eux **5.** lui **6.** lui **7.** elle **8.** moi

# CHAPITRE 15

## EXERCICES ORAUX

### A l'écoute

**A.** Plats mentionnés: assiette de crustacés, escargots, pavé de bœuf au roquefort, magret de canard, salade de saison, plateau de fromages. Desserts: soufflé au Grand Marnier, assiette de sorbet au coulis, poire belle-Hélène au chocolat chaud, melba aux fruits de saison, gratin de fruits.

**B. 1.** V **2.** V **3.** F **4.** V **5.** F **6.** F **7.** F **8.** V

**C.** Lui: escargots, pavé de bœuf au roquefort, plateau de fromages. Elle: assiette de crustacés, magret de canard, salade de saison.

**D. 1.** juste à côté de la cathédrale **2.** en Bourgogne (commentaires sur les escargots)

### Structures

**D.** Réponse modèle: **1.** Je suis à l'université depuis 1992.

## EXERCICES ECRITS

### Paroles

**A. 1.** un verre **2.** une assiette creuse, une cuillère à soupe **3.** une assiette, un couteau **4.** une assiette, une fourchette, un couteau **5.** un verre à vin **6.** un plat, un couteau **7.** une petite assiette, une fourchette **8.** une tasse, une petite cuillère

**B. 1.** 42.96.38.90 **2.** 5 minutes **3.** Bourse-Pyramides **4.** rien **5.** Réponse possible: saignant **6.** Réponse possible: la salade de gratons de canard, le faux filet, le dessert du jour **7.** 60F.

**D.** Réponse modèle: **1.** On peut prendre des fruits et des légumes. On doit éviter les viandes et les volailles.

### Structures

**A. 1.** ouvrons **2.** éteint **3.** allumons **4.** disparais **5.** viennent **6.** sont **7.** se plaignent **8.** aperçois **9.** s'arrêtent **10.** commençons

**C. 1.** payerai **2.** Achèteras **3.** appellera **4.** répéterons **5.** Viendrez **6.** iront **7.** fera **8.** verrons **9.** sera **10.** Auras **11.** pourrai **12.** Voudrez

**D.** Réponse modèle: **2.** Dès que j'aurai un poste, j'achèterai une voiture de sport.

# CHAPITRE 16

## EXERCICES ORAUX

### Avant d'écouter

**B. 1.** quotidien **2.** un emprunt bancaire **3.** un bilan

### A l'écoute

**A.** 1, 10, 7, 2, 4, 9, 5, 3, 8, 6

**B. 1.** Définition de stress: état intérieur d'anxiété ou d'oppression **2.** Stress du Parisien: transports en commun, embouteillages, peur d'être en retard au bureau **3.** Stress dû aux obligations financières:

remboursement de lourds emprunts bancaires (achats à crédit) **4.** Stress de l'étudiant: quand il passe des examens et des concours **5.** Stress de la vie professionnelle: peur du chômage **6.** Stress de l'ingénieur: peur des mutations technologiques **7.** Stress du PDG: obligation constante d'être performant **8.** Stress dû à l'âge: problèmes de santé **9.** Stress du paysan: dettes à rembourser, désir d'avoir le même niveau de vie qu'à la ville **10.** Cause principale du stress: la société de consommation

**Paroles**

**D.** Réponse modèle: **3.** On voit aussi les deux poignets.

**Dictée:** dernière phrase: Mais c'est pour mieux te manger, mon enfant! Histoire: **1.** Le Petit Chaperon rouge

## EXERCICES ECRITS

**Paroles**

**A. 1.** le cœur **2.** du sang **3.** le sang **4.** les artères **5.** les veines **6.** les poumons **7.** l'estomac **8.** foie **9.** cerveau **10.** nerfs **11.** se détendre **12.** se reposer **13.** du sport

**C. 1.** l'épaule, du coude, du poignet **2.** les doigts, les pouces, les ongles **3.** le genou, la cheville, le mollet **4.** du talon, des orteils **5.** la poitrine, le ventre

**D.** Réponse possible: Il a les cheveux bouclés et les yeux bleus.

**Structures**

**A. 1.** moins **2.** de plus en plus **3.** de moins en moins **4.** mieux **5.** pire **6.** plus **7.** beaucoup **8.** moins **9.** beaucoup **10.** plus

**C.** Réponse possible: Un gâteau au chocolat a autant de calories qu'une mousse au chocolat.

**D.** Réponse possible: **2.** Je pourrais faire de plus en plus de jogging.

## CHAPITRE 17

## EXERCICES ORAUX

**A l'écoute**

**B.** Colère: 3: manque de respect, malhonnêteté, mensonge. Cafard: 3: solitude, pluie, froid. Peur: 2: certaines personnes, maladies circulatoires. Joie: 5: êtres aimés, lecture, promenades, couchers de soleil, musique.

**C. 1.** a **2.** b

**D. 1.** Ils manquent de respect; font volontairement des remarques désagréables ou méchantes. **2.** perte ou diminution des facultés intellectuelles

**Paroles**

**D.** Réponse possible: **2.** Je me mets en colère quand mon camarade de chambre oublie d'éteindre ma chaîne stéréo avant de sortir.

**Structures**

**D.** Réponse possible: **4.** J'aurais envie de voir la Tour Eiffel.

**Dictée:** Réponse à la question: un lycéen ou élève

## EXERCICES ECRITS

**Paroles**

**A. 1.** de l'amour **2.** sensible **3.** le cafard **4.** de la confiance **5.** de l'angoisse **6.** la jalousie **7.** de la tristesse **8.** pardonner

**B. 1.** l'amour **2.** l'angoisse **3.** un complexe d'infériorité **4.** la haine **5.** le cafard **6.** la haine **7.** la tranquillité **8.** la confiance en soi **9.** l'amitié **10.** la joie

**D.** Réponse modèle: **1.** Je deviens inquiet(-iète) quand je ne comprends pas la leçon.

**Structures**

**B. 1.** Si j'étais malade à Paris, où est-ce que j'irais? **2.** Si ma mère se fâchait, que dirait-elle? **3.** Si Monique ne suivait pas ce régime, que mangerait-elle? **4.** Si vous aviez un complexe d'infériorité, comment vous sentiriez-vous? **5.** Si tu avais des regrets, demanderais-tu pardon?

**C. 1.** Marie-Louise regrette que son poste de télé soit tombé en panne hier. **2.** ... que sa voiture ait besoin de réparations. **3.** ...que ses cours soient très difficiles ce trimestre. **4.** ... que son amie Christine soit toujours complexée. **5.** ... que ses parents n'aient jamais connu le bonheur.

**D. 1.** Je suis content(e) que l'examen n'ait pas été difficile. **2.** Mes copains sont tristes que l'année scolaire ait duré si longtemps. **3.** Mon ami(e) ne croit pas que j'aie gagné un prix en français. **4.** C'est dommage que les étudiants aient dû aller au labo. **5.** Je ne pense pas que le cours de français ait été inutile.

# CHAPITRE 18

## EXERCICES ORAUX

### Avant d'écouter

**1.** railroad **2.** bruised **3.** to swell **4.** exposed, raw; to do a root canal **5.** stiff **6.** the bill

### A l'écoute

**A. 1.** F **2.** V **3.** F **4.** F **5.** F **6.** V **7.** V **8.** V **9.** V

**B. 1.** dans la rue, on est tombées en traversant une voie ferrée **2.** Franciska, amie **3.** dent: cassée; nez: meurtri; bras: coude cassé; main: égratignée **4. a.** dentiste: dent provisoire pour protéger le nerf **b.** hôpital: radios, écharpe pour le bras **c.** orthopédiste: conseils pour coude cassé **d.** dentiste #2: dévitalisation de la dent, pivot pour la couronne **5.** bouger le plus possible mais ne rien porter de lourd **6.** porter des choses lourdes, faire du vélo

### Paroles

**D.** Réponse modèle: **1.** Je me brosse les dents deux fois par jour.

### Structures

**D.** Réponse modèle: **1.** Non, je ne peux pas voir le ciel en ce moment.

## EXERCICES ECRITS

### Paroles

**A. 1.** on se mouche **2.** on tousse **3.** on a un bleu **4.** on saigne **5.** on marche avec des béquilles **6.** il fait un plombage

**B. 1.** c **2.** b **3.** a **4.** d **5.** e

### Structures

**A. 1.** je n'aurais plus bu de café trop chaud **2.** j'aurais marché avec des béquilles **3.** j'aurais vu couler mon sang **4.** j'aurais eu un gros mal de tête **5.** je n'aurais plus pu marcher droit

**B. 1.** j'aurais consulté un autre médecin **2.** j'aurais ri **3.** je me serais moqué de lui **4.** j'aurais refusé de les prendre **5.** j'aurais dit «non»

**D. 1.** Pierre n'a pas voulu **2.** Nous devons **3.** Je n'ai pas pu **4.** Enfin j'ai pu **5.** Le professeur voulait **6.** Nicole devait être fatiguée **7.** Les étudiants devaient **8.** J'aurais dû

**E.** Réponse possible: **1.** Je n'ai jamais pu nager.

# THEME VII

## Révision I

**I. A. 1.** jeune homme **2.** les yeux bleus **3.** les cheveux blonds **4.** les activités sportives **5.** beaucoup de copains aimables **6.** des étudiants idéaux **7.** des étudiants très paresseux **8.** la même passion **9.** et une belle chaîne stéréo **10.** aux concerts régionaux **11.** les nouveaux artistes de jazz

**B.** 1. adore 2. achète 3. préfère 4. choisit 5. vont 6. sont 7. a 8. meurent 9. se contentent 10. se passionnent 11. tiennent 12. veulent 13. font 14. ont 15. savent 16. reçoivent 17. comprennent

**II. A.** Sébastien n'est pas toujours gai. Ce n'est pas un garçon très sociable: il n'a aucun copain nulle part. Personne ne le trouve ni sympathique ni intéressant. En effet, rien n'intéresse Sébastien. Sébastien n'aime ni le cinéma ni la musique classique. Dans sa chambre, il n'y a pas de posters sur les murs: il n'aime pas les affiches publicitaires de films. Sébastien n'a pas de chaîne stéréo. Il ne possède aucune bonne cassette de musique classique. Sébastien n'est pas encore sûr de son avenir, mais ne sera-t-il jamais heureux?

**B.** Questions possibles: 1. Quel jour est-ce? 2. Quel temps fait-il à Grenoble? 3. Où est-ce que Jean-Luc a une petite chambre? 4. Pourquoi n'est-il pas satisfait? 5. Comment est la salle de bains? 6. Depuis quand est-ce que Jean-Luc est à Grenoble? 7. A quelle heure va-t-il partir?

**C.** Questions possibles: 1. Quel âge as-tu? 2. Quelle est ta ville natale? 3. Quels sont tes passe-temps préférés? 4. As-tu des frères ou des sœurs? 5. Connais-tu déjà les Etats-Unis? 6. As-tu envie de visiter le Québec? 7. Combien de cours vas-tu suivre ce trimestre? 8. Où habites-tu? 9. Qu'est-ce que tu penses du resto-U? 10. Pourquoi penses-tu cela?

### Révision II

**I. A.** 1. pleuvait 2. sont parties 3. avaient réservé 4. c'était 5. avait 6. a duré 7. ont dû 8. a roulé 9. ont passé 10. sont arrivées 11. faisait 12. brillait 13. avait déjà commencé 14. ont laissé 15. ont couru 16. étaient arrivés 17. ne pouvaient pas 18. se sont installées 19. ressemblaient 20. avaient 21. avaient 22. ont-elles attrapé 23. était 24. avaient pris

**B.** 1. petites annonces 2. offres d'emploi 3. faire une demande d'emploi 4. curriculum vitae 5. formulaire 6. le poste

**C.** 1. Qui était le premier témoin? 2. Qu'est-ce qui s'est passé? 3. Qu'est-ce que les deux automobilistes se sont dit? 4. Lequel était le conducteur coupable? 5. De quoi les blessés avaient-ils besoin? 6. A qui le policier a-t-il parlé? 7. A quelle heure est-ce que l'accident a eu lieu?

**II. A.** 1. Hélène a l'intention de se spécialiser en gestion. Hélène se spécialisera en gestion. 2. Bernard veut entrer dans une grande école. Bernard entrera dans une grande école. 3. Brigitte a l'intention de poursuivre des études de médecine. Brigitte poursuivra des études de médecine. 4. Luc compte obtenir un diplôme de technicien supérieur. Luc obtiendra un diplôme de technicien supérieur. 5. Marie-Aline a envie d'avoir son doctorat. Marie-Aline aura son doctorat.

**B.** 1. passera 2. allumera 3. s'assiéra 4. règlera 5. aura fini de regarder 6. choisira 7. aura fini 8. attendra 9. terminera 10. se sera endormi 11. n'éteindra 12. se couchera

**C.** 1. Annick passera moins de temps à l'université que Jacques. 2. Richard passera le moins de temps à préparer son diplôme. 3. Stéphanie consacrera autant d'années à ses études que Marie. 4. Richard terminera son diplôme plus rapidement qu'Hervé. 5. Stéphanie et Marie passeront le plus de temps à faire leurs études.

### Révision III

**I. A.** 1. Je sais qu'il y a beaucoup d'immigrés en France. 2. On dit que les immigrés sont responsables du chômage des Français. 3. Je ne pense pas que la plupart des immigrés aient des qualifications profession- nelles. 4. Je doute qu'ils puissent contribuer à l'économie. 5. Je ne crois pas être raciste. 6. Cependant, il faut que le gouvernement fasse quelque chose. 7. Je propose que la France prenne des mesures pour que le nombre d'immigrés puisse diminuer immédiatement. 8. Il est vrai que le problème des immigrés est grave. 9. Il est temps que tous les immigrés s'en aillent. 10. Je suis sûr(e) d'avoir raison!

**B.** 1. Je ne me sens pas bien parce que mon travail est trop stressant. 2. Bien que j'aie le temps, je ne fais pas beaucoup d'exercice physique. 3. Mes copains font leur gym avant que je sois sorti du lit. 4. Puis- qu'ils font aussi attention aux calories, dîner avec eux est pénible. 5. Nous mangeons sobrement quand nous sommes à table. 6. Ils ne parlent que de leur entraînement jusqu'à ce que nous nous quittions. 7. S'ils continuent à sacrifier le plaisir à la forme, ils regretteront plus tard. 8. Mais moi, pour que ce soit une joie de vivre, je continuerai à choisir le plaisir.

**C. 1.** Je trouve que la plupart des étudiants de cette université sont en bonne forme. Je ne crois pas que la plupart des étudiants... soient en bonne forme. **2.** Je trouve que l'exercice physique peut éliminer le stress. Je ne crois pas que l'exercice physique puisse éliminer le stress. **3.** Je trouve que mes camarades savent se détendre. Je ne crois pas que mes camarades sachent se détendre. **4.** Je trouve que nous prenons toujours le temps de respirer. Je ne crois pas que nous prenions toujours le temps de respirer. **5.** Je trouve que les aliments naturels nous font beaucoup de bien. Je ne crois pas que les aliments naturels nous fassent beaucoup de bien. **6.** subjonctif **7.** subjonctif **8.** subjonctif **9.** subjonctif **10.** indicatif

**II. A. 1.** Si Paul manquait de confiance, il répondrait timidement. **2.** Si nous ne pardonnions pas aux autres, notre vie serait pleine de rancune. **3.** Les professeurs se mettraient en colère si les étudiants ne venaient pas aux cours. **4.** Si nous étions inquiets, nous aurions du mal à dormir. **5.** Pendant la période des examens finals, s'ils le pouvaient, les étudiants ne passeraient pas de nuits blanches.

**B. 1.** Si Paul avait manqué de confiance, il aurait répondu timidement. **2.** Si nous n'avions pas pardonné aux autres, notre vie aurait été pleine de rancune. **3.** Les professeurs se seraient mis en colère si les étudiants n'étaient pas venus aux cours. **4.** Si nous avions été inquiets, nous aurions eu du mal à dormir. **5.** Pendant la période des examens finals, s'ils avaient pu, les étudiants n'auraient pas passé de nuits blanches.

**C. 1.** ...on aurait aussi de la fièvre. **2.** ...elle se moucherait souvent. **3.** ...nous aurions souffert davantage. **4.** vous ferez bien... **5.** ...elles auraient beaucoup toussé. **6.** ...j'aurais une cicatrice. **7.** ...aurais dû **8.** on aura un bleu. **9.** ...nous fixerions rendez-vous chez le médecin.